LE GRAND GÂCHIS

Vincent Guibert

www.vincentguibert.com

ISBN 978-0-244-03211-1

3

Préambule

Ce livre est une narration du quinquennat de François Hollande, tel que vécu par un militant socialiste, issu de la société civile et devenu élu local. Cinq années, quinze[1] en comptant celles qui ont précédé 2012, de soutien, de réflexion, d'actions, de déceptions, de frustrations, et de quelques satisfactions.

Ce quinquennat, j'ai eu la chance de le vivre un peu de l'intérieur : aux côtés d'Arnaud Montebourg et de son équipe, au sein du Parti Socialiste, en tant que militant, en tant que Secrétaire Fédéral à l'Economie dans mon département des Hauts-de-Seine de 2012 à 2015 et en tant que Secrétaire du groupe national en charge des TPE-PME de 2013 à 2016. Ingénieur de formation, ayant fait carrière exclusivement dans le privé, à la tête de ma propre entreprise depuis 2003, je n'étais auparavant que téléspectateur de l'action politique. Cette expérience m'a permis de mieux comprendre comment fonctionnent l'État et ses institutions, et comment s'est petit à petit créée la fracture qui a conduit le Parti Socialiste au désastre électoral

---

[1] J'ai adhéré au Parti Socialiste le 22 avril 2002 au lendemain de l'élimination de Lionel Jospin. J'en ai été *« considéré comme démissionnaire »* par son Premier Secrétaire de l'époque le 30 mai 2017.

6

de 2017. Elle m'a aussi permis de déplorer le gouffre qui sépare trop souvent ce qui se vit dans l'action de ce qu'en relatent les media.

Ce livre aurait tout aussi bien pu s'intituler « Journal d'un frondeur ». Force est de reconnaitre que la démarche des frondeurs, à mes yeux parfaitement justifiée et cohérente, a échoué et a été durement sanctionnée d'un 6,4% des suffrages le 23 avril dernier. Le temps est venu d'en tourner la page mais avant, d'en dresser un dernier bilan et d'évoquer quelques perspectives.

Citoyen de base devenu militant puis élu local, j'ai consacré, comme tous mes camarades, un temps et une énergie considérables à assister à de nombreuses réunions, à écrire des multiples contributions et à faire campagne sur le terrain, en soutien d'un projet qui avait porté François Hollande, le Parti Socialiste et la gauche aux responsabilités en 2012. En retour de ces soirées et de ces week-end pris sur le temps familial et sur les loisirs, nous étions en droit d'attendre que le pouvoir en place applique le projet pour lequel il avait été élu ou qu'il explique les raisons pour lesquelles il s'en écartait. Il n'en a rien été, ou très peu. Aussi m'a-t-il paru légitime de mettre en forme et de partager ce que j'ai pu modestement constater et comprendre de l'action gouvernementale ces cinq dernières années.

A l'origine de ce témoignage était un billet de blog consécutif à une nième boulette fiscale du gouvernement fin 2015, puis le clavier s'est un peu emporté et début 2016, une première version de ce livre fut publiée sous le titre « Du temps des regrets à celui de la reconquête ». Au lendemain de cette incroyable élection présidentielle, les regrets seront éternels mais ils sont dorénavant derrière nous. Cette deuxième édition reprend in-extenso la plupart de mes billets de blogs, présente une analyse à chaud de la période 2016-2017 qui a conduit le Parti Socialiste et son candidat au naufrage électoral du 23 avril 2017. Elle se conclut sur quelques pistes à l'attention de celles et ceux qui entendraient poursuivre une action de reconstruction du Parti Socialiste. Je n'en serai pas.

A l'époque de la première version de ce livre, début 2016, la majorité des Français voulait éviter une nouvelle confrontation Hollande-Sarkozy en 2017. Ils y sont parvenus, et de quelle manière, par quel jeu de massacre ! A l'époque, nous réclamions à corps et à cri l'organisation à gauche d'élections primaires, dont le Parti Socialiste et ses dirigeants renâclaient à reconnaitre la légitimité...

A aucun moment durant ces six dernières années je n'ai regretté mes choix : ni celui d'avoir fait campagne pour Arnaud Montebourg lors des primaires de 2011 puis lors de celles de 2017, ni d'avoir soutenu François Hollande et d'avoir voté pour lui en 2012. Je n'ai pas non plus regretté ni d'être resté fidèle à mes convictions et aux propositions sur lesquelles François Hollande l'avait emporté, ni d'avoir fait campagne pour Benoit Hamon.

Si seulement le gouvernement de Jean-Marc Ayrault, dès juin 2012, s'était attelé loyalement et méthodiquement à la réalisation du programme dont nous étions convenus et pour lequel il avait été élu.

Si seulement les alertes que nous avons sans cesse soulevées depuis l'hiver 2013, bien avant que le terme « frondeur » fût inventé par l'un des nôtres tombé depuis en disgrâce, avaient été entendues et suivies d'effet.

Si seulement le gouvernement de Manuel Valls avait été loyal à ses engagements suite à la douloureuse défaite des municipales en 2014.

Si seulement le Parti Socialiste avait joué pleinement son rôle de modérateur et de fédérateur durant ces cinq ans, avait su rappeler le gouvernement à ses engagements et n'avait pas tergiversé sur l'organisation des primaires en 2016/2017.

Si seulement…

*La déconfiture de la gauche de gouvernement et du Parti Socialiste, que j'ai quitté en juin 2017, le recul pris durant l'été, les premiers temps de la rentrée m'ont inspiré un autre titre, plus expressif, moins optimiste et qui traduit ce qui subsistera à jamais, à mon sens, de la période 2012-2017 : **Le grand gâchis.***

Un grand merci à Isabelle, à Sophie et aux camarades boulonnais-ses qui ont pris le temps de relire les premières moutures de ce document, qui m'ont fait part de leurs remarques et de leurs commentaires. Un grand merci également à tous mes amis qui ont participé aux débats citoyens qui ont permis la formulation de premières pistes pour le futur.

Vincent Guibert
Chef d'entreprise
Conseiller Municipal de Boulogne-Billancourt
www.vincentguibert.com

LE GRAND GÂCHIS

Des électeurs décontenancés

Décembre 2015, élections régionales : 50% d'abstention, le Front National à 30% voire à 40% et plus dans certaines régions, 700 000 chômeurs supplémentaires en 3 ans, plusieurs ministres démis pour fraude fiscale ou affaires financières, un Président dont la popularité stagne autour de 20% dans les sondages, 2 millions de personnes modestes nouvellement soumises à l'impôt sur le revenu, le tiers de nos militants qui a disparu, des électeurs qui nous tournent le dos.

Pour prendre un seul exemple, dans ma commune de Boulogne-Billancourt, une bonne moitié des électeurs de François Hollande au deuxième tour de la présidentielle de 2012 n'est pas revenue voter pour nous ni aux municipales, ni aux européennes, ni aux départementales, ni aux régionales, et ce fut encore pire à l'élection présidentielle d'avril 2017.

Est-ce pour cela que nous nous sommes battus depuis la défaite de Lionel Jospin en 2002 ? Est-ce pour cela que nous nous sommes mobilisés des soirées, des samedis, des dimanches, pour faire campagne en 2007, en 2012, en 2017 ? Certainement pas.

Cette chute vertigineuse de nos performances électorales dans nos territoires, est-elle imputable à nos bilans locaux, à nos candidats ou à leurs programmes ? Encore moins. Je veux rendre hommage à celles et à ceux ont fait campagne ces derniers temps, dans ce contexte si morose.

13

La région est l'acteur majeur du développement économique, et l'élection régionale fin 2015 aurait pu, aurait dû, être le vecteur de notre réhabilitation auprès de ceux qui nous avaient fait confiance en 2012. Il n'en fut rien, la rupture est consommée. La tactique du Premier Secrétaire au lendemain du premier tour des élections régionales de décembre 2015, qui a évité de donner la présidence de trois régions au FN, n'y changera rien.

L'électeur, et en particulier l'électeur urbain, se détermine dorénavant en fonction de jugements et de critères nationaux. Quatre lourdes défaites électorales, toutes imputées après-coup à la situation nationale : quand les instances nationales du Parti Socialiste le comprendront-elles et en tireront-elles les conséquences ? Voilà une des questions que nous nous posions en ce début d'année 2016.

Alors, que s'est-il passé depuis 2012 ? Sur la base du programme que le Parti socialiste avait conçu, sur la foi du discours du Bourget étayé par les 60 engagements du candidat, nous avons élu un président qui se voulait « normal », dont l'adversaire (et non « l'ennemi ») était « le monde de la finance » (et non « la finance »).

Rendons hommage au désormais ex-Président Hollande en rappelant la phrase telle qu'il la prononça au Bourget en ce dimanche 22 janvier 2012 : « *Dans cette bataille qui s'engage, je vais vous dire qui est mon adversaire, mon véritable adversaire. Il n'a pas de nom, pas de visage, pas de parti, il ne présentera jamais sa candidature, il ne sera donc pas élu, et*

14

pourtant il gouverne. Cet adversaire, c'est le monde de la finance ». Une déclaration magistrale, qui contribuera significativement à la victoire quatre mois plus tard. N'y manquait qu'un qualificatif final comme *« spéculative »* dont la présence aurait coupé court à toute critique ultérieure. Combien d'esprits étriqués ou en mal d'audience ont résumé cette phrase en un lapidaire *« mon ennemi c'est la finance »* bien éloigné de la pensée réelle de son auteur...

François Hollande avait mis l'emploi des jeunes en priorité, il promettait de relancer le pouvoir d'achat, de limiter les rémunérations abusives, de réformer la fiscalité, d'autoriser le vote aux résidents étranger et d'introduire une dose de proportionnelle dans les élections législatives.

Cinq ans après, bon nombre d'entre nous affichent leur déception, une immense partie des électeurs d'alors nous a quittés, le Président lui-même a renoncé à se représenter, et le parti qui l'avait porté au pouvoir a été humilié en ne recueillant que 6,4% des suffrages au premier tour de l'élection présidentielle.

Certes, tout n'a pas été négatif depuis 2012, loin de là : refondation de l'école, réforme du collège, retraite à 60 ans pour les carrières longues, mariage pour tous, relance de l'activité industrielle, lois sur la consommation, sur l'Economie Sociale et Solidaire, sur la sécurisation de l'emploi, sur la formation professionnelle, premières réformes territoriales, premières simplifications administratives, fin du cumul des mandats, COP21. Autant de réformes en profondeur qui marqueront leur époque, qui sont réussies ou en voie de l'être à quelques ajustements près, aux dires de nombreux acteurs de terrain. Ces initiatives ont également déclenché un tombereau de réactions corporatistes et conservatrices, mais aussi, ce qui est insoutenable, des propos haineux, racistes ou misogynes. Ces derniers ne font que traduire la vacuité intellectuelle et politique de ceux qui n'ont rien à dire sur le fond et qui n'ont que la haine ou le mensonge comme valeurs.

Il y a eu aussi, et il faut s'en féliciter, un changement de style présidentiel, un ton toujours digne et courtois, un discours empreint de respect et qui ne stigmatise pas, qui ne monte pas une partie de la population envers une autre, un discours qui n'agresse pas en retour le journaliste qui se hasarde à poser une question, une posture qui ne fait pas honte à la France. Il y a aussi une justice qui avance sans entrave, quelle que soit l'orientation politique des personnes mises en examen.

Lors du quinquennat Sarkozy je tenais sur mon blog les « chroniques de la rupture », en référence au slogan démagogique de l'ex maire de Neuilly.

Ces chroniques sont devenues « Observatoire du changement » après l'élection de François Hollande, avec un même objectif de suivi au jour le jour des réalisations gouvernementales.

Dès le début de l'année 2013, les premières évaluations montrent de nettes avancées mais révèlent déjà de premières inquiétudes. Le renoncement à la renégociation du TSCG

(Traité sur la Stabilité, la Coordination et la Gouvernance) européen augure du maintien d'une politique économique plutôt austéritaire. L'affaire Cahuzac (ministre du budget pratiquant l'évasion fiscale) met à mal l'image de probité du nouveau gouvernement, même si le ministre incriminé en est écarté rapidement. Le pouvoir a su rebondir très rapidement puisque cette affaire a donné lieu à de nouvelles dispositions en matière de transparence de la vie publique avec la création du Parquet National Financier et avec l'obligation faite aux parlementaires de déclarer leur patrimoine. Ces deux dispositifs joueront un rôle capital lors de la campagne présidentielle de 2017...

Malheureusement, les années 2013 et 2014 mettront le quinquennat sur une trajectoire fatale.

Une politique incompréhensible

Dès l'été 2012, des premières inquiétudes voient le jour :

Juillet 2012 : le pilotage, c'est maintenant

http://vincentgwy.cluster014.ovh.net/wp3/2012/07/le-pilotage-cest-maintenant/

Nous avons soutenu Arnaud Montebourg lors des primaires.

Nous avons soutenu, pour ma part très clairement, son choix en faveur de François Hollande. Nous avons ensuite soutenu François Hollande puis le programme socialiste aux législatives.

Nous sommes donc solidairement responsables de la mise en œuvre de ce programme et de ses bienfaits potentiels.

Il s'agit maintenant de réussir ces changements, pour redresser le pays, et dans l'intérêt de tous. Pour aussi ne rien regretter à terme.

Nous ne voulons pas dans cinq ans nous dire « nous aurions pu, nous n'avons pas pu parce que ... », comme ce fut le cas par exemple sous Mitterrand avec le vote des étrangers, ou sous Jospin avec les retraites.

Il s'agit donc de nous assurer que non seulement les « 60 engagements » soient effectivement mis en œuvre, mais qu'ils produisent durablement les effets escomptés.

Et, presque accessoirement tant nous avons été abreuvés de communication et d'effets d'annonce durant le dernier quinquennat, que cela se sait pendant et après coup.

Quelles sont les priorités ? Qui se charge de quoi ? Quels sont les indicateurs de mesure de l'avancement puis des effets ?

En entreprise cela relève du « pilotage stratégique » du changement, différent de la « planification stratégique » usuelle en cela qu'on y est autant évaluatif que prospectif.

A l'automne lors du congrès du Parti Socialiste à Toulouse, les messages deviennent plus explicites :

Octobre 2012 : les boulets, c'est maintenant ?

http://vincentgwy.cluster014.ovh.net/wp3/2012/10/les-boulets-cest-maintenant

Le gouvernement est à l'œuvre depuis 5 mois. Des promesses ont été tenues et de nombreuses actions ont été engagées dans de bonnes directions : retraites, emplois d'avenir, contrats de génération, contestation de plans sociaux, logement, éducation, accès à la nationalité... Mais il n'y a pas matière à euphorie.

De discussion en discussion, avec des camarades militants, des collègues, des amis, se dégagent 7 points récurrents avec lesquels le gouvernement ne peut tergiverser plus longtemps. Nous courrons le risque d'oublier voire de renier les propositions du candidat, et par conséquent de durablement nous décrédibiliser. Pire, il y a risque d'échouer.

Prenons en exemple la question du traité européen (promesse 11). Le mal est fait : le traité a été adopté tel quel, sans être renégocié. La promesse n'a pas été tenue. L'UMP en a fait ses choux gras. La communication autour des 120 MM€ du pacte de croissance ne comble qu'une partie du fossé.

Sans céder au pessimisme, il semble qu'il pourrait se profiler 4 années absurdes où nous, militants sur le terrain, risquons de passer notre temps à défendre l'indéfendable et à justifier l'injustifiable. Chaque renoncement, chaque reniement, constituerait un boulet entravant d'autant les actions futures et nous exposant sévèrement lors des échéances électorales de 2014/2015. Ces « boulets potentiels », quels sont-ils ?

- Le non-cumul des mandats (58) : les barons locaux rechignent, les militants grognent, les dirigeants du PS parlent peu. Comment le gouvernement et le parti vont-ils faire pression sur les cumulards récalcitrants ?
- Le droit de vote pour les citoyens étrangers (promesse 50) : suffit-il qu'un ministre dise que « ce n'est pas le moment » pour qu'on y renonce ?
- La réforme fiscale (promesses 3, 9, 14, 15) : fusion IRPP/CSG, suppression des niches fiscales, modulation de l'Impôt sur les Sociétés en fonction de la taille de l'entreprise, taxation des œuvres d'art ou des plus-values de cession : les pigeons[2] ont crotté partout, les atermoiements et reculades sont nombreux et inquiétants, quelle est la feuille de route ?
- La réforme du système bancaire (promesse 7) : aucune nouvelle, qui y travaille, avec quel objectif ?

---

[2] Les pigeons : mouvement d'entrepreneurs, animé par des proches de l'UMP, ayant vigoureusement protesté contre une version provisoire d'un projet de loi sur l'imposition des plus-values de cession, version rendue publique suite à une malencontreuse fuite provenant du ministère des Finances.

- La faveur à la production et à l'emploi en France, les relocalisations (promesse 3) : au-delà de prises de positions, de mesures de sauvegardes sur des dossiers emblématiques, de la création de la BPI et de la campagne de communication autour du « Made-in-France », qu'en est-il de la politique industrielle devant orienter les projets de sauvegarde, de développement et de relocalisation ?
- Le protectionnisme européen, rebaptisé « juste échange » puis « réciprocité » (promesse 13) : au-delà de la réaffirmation publique de positions de principe, quelles exigences ont été formulées, envers qui et sous quelle forme ?
- La compétitivité des entreprises et le financement de la protection sociale. Cette question n'apparaissait pas explicitement dans les 60 engagements. Elle a émergé à l'occasion de la conférence sociale de juillet et s'est inscrite de fait à l'agenda gouvernemental. Le destin du futur rapport Gallois, tel qu'il semble se profiler, ne laisse présager rien de bon.

Cette liste n'est sans doute pas exhaustive. Et je ne parle pas ici de ce mal endémique des « prises de positions à titre personnel » et autres « points de vue qu'il convient de relayer » de la part de ministres qui se voient déjà dans un autre siège que celui qu'ils occupent actuellement.

Dès juillet nous disions ne pas vouloir, en 2017, regretter de ne pas nous être attaqués à telle ou telle question (comme par exemple la réforme des retraites sous l'ère Jospin). Mon sentiment est que nous y allons tout droit.

D'une façon générale, si l'on considère l'ensemble du programme de François Hollande, de ses 60 engagements (qui en fait se décomposent en 195 promesses élémentaires), qu'en est-il ? Quel ministère ou quel organisme a la responsabilité de quelle promesse ? Quels plans d'actions ont été élaborés ? Quelle forme prendront « les changements » ? Incidemment, comment est-on certain qu'aucune action ne reste « orpheline » ou qu'à contrario deux entités différentes ne travaillent pas en concurrence sur un même sujet ? Bref, qui en assure la coordination globale ? L'Elysée, le Premier ministre, le Parti Socialiste, personne ?

Nos électeurs s'impatientent, la presse à droite comme à gauche ne laisse rien passer. Nous avons soutenu le programme de François Hollande, nous sommes solidaires de son application, nous devons lutter fermement contre toute forme d'oubli ou de renoncement.

Il est tout à fait possible que des actions aient été entreprises en vue de concrétiser ces engagements, mais soit nous ne le savons pas, soit il en ressort une impression d'approximation.

Il est donc urgent que ces doutes et ambiguïtés soient levés, et que nous soyons en capacité d'expliquer et de défendre avec fermeté une action gouvernementale allant dans le sens de ce qui a été promis et de ce qu'attendent nos concitoyens.

Dans trois jours, l'argument de la priorité donnée au congrès aura vécu. Dans 3 semaines, cela fera six mois, 10% du quinquennat déjà, que le gouvernement s'est formé. A la fin de l'année ou au plus tard à la fin de l'hiver, soyons lucides, tout sera largement joué, la trajectoire à 5 ans sera déterminée avec peu de possibilités de l'infléchir.

Alors, sur ces 7 points fondamentaux comme sur le reste des 60 engagements, que fait-on ?

On se prépare à ramer à contresens...

... ou on prend le taureau par les cornes ?

Dans le même temps, L'Indicateur Global d'Avancement du Changement, publié régulièrement sur mon blog, mesure l'avancement de chacune des 195 promesses élémentaires constituant les 60 engagements du programme de François Hollande lors de l'élection présidentielle de 2012.

Sept niveaux d'évaluation de chaque promesse élémentaire ont été définis. A un niveau donné correspond un score. Le niveau global d'avancement est calculé comme la somme des évaluations élémentaires pondérées selon ces scores.

JANVIER 2013 – INDICATEUR D'AVANCEMENT

En cette fin janvier 2013, nous en serions à ... **29% d'avancement.**

Niveau d'avancement	Nb Promesses	Score	Symbole
1. Pas d'information	104	0	
2. Entrepris selon programme	51	2	
3. Entrepris différemment	8	1	
4. En retard ou suspendu	6	-1	
5. Abandonné	2	-2	
6. En place et conforme	24	3	
Total général	**195**		

L'évaluation complète est accessible en cliquant ici :

http://ddata.over-blog.com/xxxyyy/1/07/87/96/IGAC04_jan2013.pdf

Parmi les sources de satisfaction :

- Le programme d'aide à la relocalisation des industries
- L'engagement de réformes concernant la dépendance
- L'accord interprofessionnel sur la sécurisation de l'emploi
- L'adoption du contrat de génération par l'Assemblée Nationale

Parmi les sources d'inquiétude :

- Le grand nombre de points sur lesquels manquent des informations
- La timide réforme bancaire, un an après le discours du Bourget
- L'arrêt des réformes fiscales
- N'était-il pas question également d'un nouveau Traité de l'Elysée ?

La grogne monte, nos concitoyens s'inquiètent.

Mars 2013 : Le courage, c'est maintenant

http://vincentgwy.cluster014.ovh.net/wp3/2013/03/le-courage-cest-maintenant

D'indéniables avancées montrent que le changement est bien en marche, ne les oublions pas : emplois sauvés, développement des PME, éducation, emploi des jeunes, logement, mariage pour tous etc. Et surtout, un président dont l'attitude demeure digne et respectueuse, en toutes circonstances. Un président qui n'agresse pas en retour tout journaliste lui posant une question dérangeante. Un président qui ne recherche pas le clivage et la stigmatisation en parlant « islam », « récidive », « identité nationale », « assistanat », « 35 heures », « *si y'en a des qui croient que … eh ben j'vais vous dire hein alors moi, ch'suis pas là pour … »*.

Sachons nous en souvenir et nous en féliciter : Un homme dont nous n'avons pas honte qu'il soit président de la République Française.

Mais aussi, et à 30% de popularité dans les sondages, lorsqu'on repense au programme présidentiel, nous n'avons pas le droit d'ignorer des écarts, des oublis ou des renoncements qui inquiètent. Car le contexte économique n'a pas changé et ce qui était valable il y a un an le demeure aujourd'hui.

Aujourd'hui, au lendemain de l'entretien télévisé de François Hollande sur France 2, au retour d'une distribution de tracts « *la Gauche agit* » dans des quartiers Billancourt, la tentation serait grande d'écrire : « le renoncement, c'est maintenant », voire « la consternation, c'est maintenant ». Mais notre devoir est d'y résister et de tenir, encore et encore. Ce n'est pas tant d'un choc de simplification dont nous avons besoin, que d'un *choc de courage*.

Le courage, c'est maintenant !

Aussi, en regard de la situation économique et sociale, il est plus que jamais nécessaire que soient entreprises des réformes essentielles et emblématiques, par exemple :

Le droit de vote pour les citoyens étrangers (promesse 50) : suffit-il qu'un ministre dise que ce n'est pas le moment pour qu'on y renonce ? Il est difficile de trouver une majorité de 60% au congrès pour voter cette loi. *Exigeons que tout soit entrepris pour y parvenir.*

La réforme fiscale (promesses 3, 9, 14, 15) : fusion IRPP/CSG, suppression des niches fiscales, modulation de l'IS en fonction de la taille de l'entreprise, taxation des œuvres d'art ou des plus-values de cession . Selon l'ex-ministre du budget sur France 2 en janvier dernier, « la réforme fiscale, elle est faite ». Nous savons qu'il n'en est rien. Le sentiment d'improvisation et de bricolage doit laisser la place à la reprise des travaux. *Exigeons cette réforme.*

La réforme du système bancaire (promesse 7) : 1% de l'activité bancaire logé dans des structures séparées : une moquerie, une insulte au changement. Rien sur les stock-options ni sur les paradis fiscaux. Ne pratiquons pas la langue de bois en nous satisfaisant de cette réforme *a minima*. Le capitalisme financier demeure notre adversaire. *Retrouvons « l'esprit du Bourget »*

Le protectionnisme européen, rebaptisé « juste échange » puis « réciprocité » (promesse 13) : au-delà de la réaffirmation publique de positions de principe, quelles exigences ont été formulées, envers qui et sous quelle forme ? Qu'en est-il des négociations intra-européennes visant à établir une position commune en regard des importations issues des pays à faibles exigences sociales ou environnementales ? *Remettons la démondialisation à l'ordre du jour !*

Rôle de la BCE et cours de l'Euro, Budget européen, constitutionnalisation de la laïcité, notation sociale des entreprises : il est bien d'autres sujets sur lesquels pourraient porter nos exigences réformistes. Mais sachons être

27

> patients, concrets et pragmatiques, en nous focalisant pour l'instant sur ces cinq points.
>
> Cinq points : le non-cumul des mandats, le vote des étrangers, la réforme fiscale, la réforme du système bancaire, le « juste échange ». Cinq points représentent huit des promesses les plus marquantes du candidat Hollande, il y a moins d'un an.

L'automne 2013 est marqué par les premières activités en vue de la campagne des élections municipales. Nous reprenons le porte-à-porte et sommes frappés par le désarroi qui touche nos concitoyens les plus modestes (dont bon nombre d'ex-électeurs de François Hollande qui n'envisagent déjà plus de voter à nouveau pour un candidat socialiste). Certains sont pour la première fois imposables, ils ne nous le pardonneront jamais. Billancourt est désespéré, au sens propre comme au sens figuré.

Dans le même temps le ministre des Finances ne recule devant aucun cynisme et ose évoquer le « ras-le-bol » fiscal des Français, ras-le-bol dont la politique qu'il met en œuvre est largement la cause.

> **Septembre 2013 : Mon ras-le-bol fiscal**
>
> http://vincentgwy.cluster014.ovh.net/wp3/2013/09/mon-ras-le-bol-fiscal/
>
> Comme beaucoup de monde, j'ai reçu ma feuille d'impôts et son montant est en nette augmentation par rapport à l'année dernière.
>
> *Ce n'est pas la cause de mon ras-le-bol fiscal.*
>
> Depuis bientôt deux ans, nous avons fait campagne pour François Hollande sur la base d'un programme à fortes composantes économiques (15

engagements sur 60). Si cette augmentation est le prix à payer pour réparer les dégâts du sarkozysme, je l'accepte.

Ce que je n'accepte pas, c'est le sort qui est réservé à la réforme fiscale tant annoncée.

Parmi nos arguments de campagne en 2012 figurait en bonne place la capacité d'un président et d'un gouvernement socialistes à redresser la situation économique du pays, à gérer avec rigueur les finances publiques et à s'attaquer aux déficits, et ce notamment par une profonde réforme de la fiscalité.

Sur la base des recommandations de Thomas Piketty (http://www.revolution-fiscale.fr/), il était ainsi prévu :

Engagement n°9 : Pour atteindre cet objectif [« Je rétablirai l'équilibre budgétaire en fin de mandat »], je reviendrai sur les cadeaux fiscaux et les multiples « niches fiscales » accordés depuis dix ans aux ménages les plus aisés et aux plus grosses entreprises. Cette réforme de justice permettra de dégager 29 milliards d'euros de recettes supplémentaires.

Engagement n° 14 : La contribution de chacun sera rendue plus équitable par une grande réforme permettant la fusion à terme de l'impôt sur le revenu et de la CSG dans le cadre d'un prélèvement simplifié sur le revenu (PSR). Une part de cet impôt sera affectée aux organismes de sécurité sociale.

Engagement n° 15 : Les revenus du capital seront imposés comme ceux du travail. Je ferai contribuer les plus fortunés des Français à l'effort national en créant une tranche supplémentaire de 45% pour les revenus supérieurs à 150 000 euros par part. En outre, nul ne pourra plus tirer avantage des « niches fiscales » au-delà d'une somme de 10 000 euros de diminution d'impôt par an.

Engagement n° 16 : Je maintiendrai toutes les ressources affectées à la politique familiale. J'augmenterai de 25% l'allocation de rentrée scolaire dès la prochaine rentrée. Je rendrai le quotient familial plus juste en baissant le plafond pour les ménages les plus aisés, ce qui concernera moins de 5% des foyers fiscaux.

Engagement n° 17 : Je reviendrai sur les allégements de l'impôt sur la fortune institués en 2011 par la droite, en relevant les taux d'imposition des plus gros patrimoines. L'abattement sur les successions sera ramené à 100 000 euros par enfant et l'exonération en faveur des conjoints survivants sera conservée. Je renforcerai les moyens de lutter contre la fraude fiscale.

Page 41 du livret « Mes 60 engagements pour la France » (chapitre consacré au chiffrage du programme) : « Pour rétablir les finances publiques, j'annulerai 29 milliards [d'euros de cadeaux fiscaux], équitablement répartis entre les ménages et les entreprises ».

S'en suivait l'engagement de 20 Milliards d'Euros supplémentaires ventilés ainsi :

LES MESURES NOUVELLES

LE FINANCEMENT DES MESURES NOUVELLES

20 MILLIARDS D'EUROS

20 MILLIARDS D'EUROS

Aide à l'industrie et à la relocalisation — 2.5

Déductibilité des intérêts d'emprunt — 4

Aides aux PME et aux entreprises de taille intermédiaire (ETI) — 2.3

Réforme de la fiscalité des entreprises — 1

Crédit impôt recherche PME — 0.2

Suppression des exonérations de charges sociales sur les heures supplémentaires — 3.3

500 000 contrats de génération — 2.3

150 000 emplois d'avenir — 2

Redéploiement allègement des cotisations sociales — 2.3

Sécurisation des parcours professionnels — 1

60 000 emplois Éducation nationale — 1.9

Maîtrise des effectifs de l'État — 2.4

Allocation d'étude et de formation — 0.6

5 000 postes dans la police, la gendarmerie, et la justice — 0.2

Hausse des cotisations vieillesse — 5

Mesure retraite pour 41 annuités — 5

Divers, Pouvoir d'achat — 2

Redéploiement de crédits budgétaires — 2.4

FRANCOIS HOLLANDE

Depuis 18 mois, à quoi avons-nous assisté en matière de fiscalité ?

Tout a bien commencé, avec l'engagement par Jérôme Cahuzac, avant son explosion en vol, de premières réformes prometteuses : alignement de l'imposition des revenus du capital et de ceux du travail, tranche à 45%, suppression de certaines niches fiscales. Il était encore crédible en août 2012 lors de l'Université d'Eté du PS lorsque, dans un atelier consacré à la fiscalité, il nous annonçait qu'entre mai et octobre 2012, les réformes n'étaient pas toutes réalisables et que la suite (telles que la barémisation rendant progressive la CSG ou disparition d'autres niches fiscales) viendrait en 2013 et 2014.

Mais depuis, force est de constater que ce n'a été qu'une succession de couacs, de renoncements, d'allers-retours, donnant le sentiment d'un flottement, d'une navigation à vue, d'un manque de courage nous conduisant à cette terrible notion de « pause fiscale », affligeant symbole de tous les renoncements et de toutes les impuissances.

Ras-le-bol que la Direction du Trésor se soit fait piéger comme des débutants avec cette histoire d'impositions des plus-values de cession, et ait dû reculer, penaude, devant la fronde des pigeons il y a un an.

Ras-le-bol qu'il ait fallu renoncer à telle ou telle niche fiscale pour protéger les promoteurs immobiliers outre-mer ou les marchands d'art.

Ras-le-bol de ces atermoiements sur le financement de la protection sociale et de la oui-non TVA sociale alors que depuis 10 ans dans ses congrès comme dans ses écrits, le Parti socialiste et ceux qui maintenant sont ministres prônaient un basculement du financement de certains risques vers un financement universel, à savoir la CSG, en lieu et place d'une assise sur les seuls salaires.

Ras-le-bol que la Direction du Trésor n'ait pas vu, ou ait cyniquement laissé faire, le fait que la baisse du plafond du quotient familial sur le revenu allait mécaniquement affecter des ménages très modestes, privant en outre certains des aides réservées au non-imposables.

Ras-le-bol d'entendre et de laisser l'UMP et la presse nous culpabiliser sur des augmentations d'impôts résultant essentiellement de décisions prises par le gouvernement Fillon-Sarkozy en 2011.

Ras-le-bol d'uñ Premier ministre qui « assume » bravement alors que gouverner c'est prévoir.

Ras-le-bol de s'entendre dire que les socialistes sont défavorables à la famille parce que certains allègements d'impôts concernant les enfants scolarisés disparaitraient.

Ras-le-bol que l'on ait inventé en toute précipitation avant de la retirer cette taxe sur l'EBE, tout en annonçant la disparition puis le retour de l'IFA (Imposition Forfaitaire Annuelle pour les grandes entreprises) et de la C3S (Contribution Sociale de Solidarité des Sociétés touchant toute entreprise de plus de 760 000 € de CA).

Ras-le-bol qu'on tourne en rond sur la chasse à la fraude et à l'évasion fiscale alors que tant le livre d'Antoine Peillon (Ces 600 Milliards qui manquent à la France) que le rapport du député Pierre-Alain Muet sur l'optimisation fiscale des entreprises dans un contexte international indiquent clairement les actions à engager et les mesures à prendre.

Mais qu'est-ce que c'est que ce beans ?

La pause fiscale, c'est le renoncement,

La pause fiscale, c'est l'immobilisme,

La pause fiscale, ce n'est pas le changement,

La pause fiscale, ce n'est pas maintenant.

Le gouvernement s'en sort plutôt bien sur pas mal de fronts : rentrée scolaire (Peillon), industrie (Montebourg), PME et innovation (Pellerin), sécurisation de l'emploi et retraites (Sapin), retours de moyens dans la Police et dans la Justice (Valls et Taubira), Economie Sociale et Solidaire (Hamon), Logement (Duflot) etc.

Il n'y a quasiment qu'en matière de fiscalité que Bercy donne l'impression de se prendre les pieds dans le tapis chaque fois que c'est possible, voire de relever et recourber le tapis pour être bien certain de trébucher en toute occasion et ainsi de ne rien faire.

La stabilité fiscale n'est pas la solution, comme je l'écrivais la semaine dernière : « Le piège de la stabilité fiscale »

http://vincentgwy.cluster014.ovh.net/wp3/2013/09/le-piege-de-la-stabilite-fiscale/

Alors n'y a-t-il pas moyen, une fois pour toutes, d'effectuer un état des lieux serein, de mettre en avant nos valeurs de justice sociale pour engager cette réforme fiscale, en formulant et en partageant avant décision des options basées sur des scenarios de croissance plus ou moins optimistes, et en conséquence de fixer un cap ?

Les grandes lignes de cette réforme sont connues :

- Fusion IRPP et CSG en un seul impôt progressif préservant familles et bas revenus ;

- Disparition de la plupart des niches fiscales, même celles des journalistes ;

- Evolution de la fiscalité des entreprises en fonction de leur notation sociale ou du degré de réinvestissement des bénéfices ;

- Basculement vers la CSG du financement d'une partie de la protection sociale.

Il est nécessaire de rationaliser l'impôt, de le rendre plus juste, plus redistributif, et moins coûteux à collecter. Pour cela, faut-il changer des têtes à Bercy et à la Direction du Trésor ? Je ne veux pas le savoir, la question n'est pas là.

Mais ce que j'exige, à double titre, en tant que contribuable et en tant que militant, c'est que les engagements que nous avons portés soient tenus, et que les candidats que nous avons soutenus y soient fidèles.

La fin du ras-le-bol, c'est maintenant !

La loyauté, c'est maintenant !

Le courage, c'est maintenant !

La réforme, c'est maintenant !

OCTOBRE 2013 – INDICATEUR D'AVANCEMENT

18 mois après l'élection de François Hollande, nous en serions à **59 % d'avancement global.** *Lorsqu'on y regarde de plus près :*

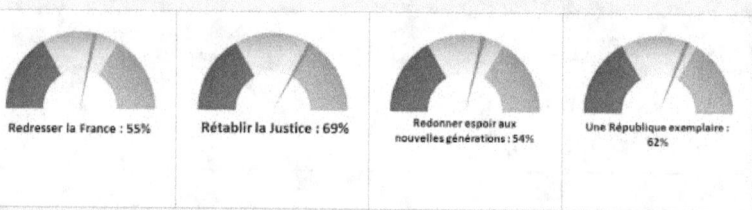

L'évaluation complète est accessible en cliquant ici :
http://ddata.over-blog.com/xxxyyy/1/07/87/96/igac07_aout2013.pdf

Parmi les sources de satisfaction, les efforts en matière de production industrielle avec le lancement en septembre sous la houlette d'Arnaud Montebourg de 34 projets industriels innovants.

Parmi les sources d'inquiétude, les questions fiscales, qui expliquent d'ailleurs le recul d'un point de l'indice depuis août 2013 et le mécontentement persistant de nos concitoyens. La réforme fiscale annoncée dans le programme du candidat semble tombée aux oubliettes. En lieu et place, des nouvelles taxes surgissent çà et là (EBE, sodas, PEL/PEA, plafond du Quotient Familial...) font polémique, donnent un sentiment d'impréparation et d'improvisation.

Ces atermoiements masquent des avancées notoires dans d'autres domaines (industrie, emploi, logement, justice, école ...) et risquent de plomber durablement l'action gouvernementale. Il est grand temps que nous nous mobilisions largement pour exiger l'application de l'ensemble de ces réformes.

Fin 2012, le gouvernement invente un CICE (Crédit d'Impôt Compétitivité et emploi) sorti du chapeau alors que depuis 10 ans, le parti prônait d'autres solutions (transfert des cotisations sociales vers l'impôt ou vers la CSG) pour restaurer la compétitivité des entreprises.

Ensuite vient le revirement, début 2014, vers une politique dite « de l'offre », complétant le CICE par un « pacte de responsabilité » privilégiant les allègements de charges pour les entreprises, un pacte financé par des hausses d'impôts, par des réductions de dotations aux collectivités locales et par des baisses de prestations sociales, sans discernement ni exigence de contreparties en matière d'embauches.

Cela sera malheureusement sans conséquence sur une économie qui ne redémarre pas, malgré des frémissements dus à la baisse du pétrole et de l'euro et temporairement de faibles taux d'intérêt. La demande reste atone, le chômage est en hausse, les déficits publics ne se résorbent pas.

Une obstination mortifère

Nous sommes maintenant le 31 mars 2014, au soir du deuxième tour des élections municipales marquées par une défaite cuisante...

Le nouveau souffle, c'est maintenant !

http://vincentgwy.cluster014.ovh.net/wp3/2014/03/le-nouveau-souffle-cest-maintenant

Dès la rentrée 2012 nous avons constaté des premiers écarts entre la réalité de l'action gouvernementale et le programme du candidat, et avons été interpellés par le « bashing anti-Hollande », tintamarre médiatique déclenché par l'UMP dès fin août à propos de la Syrie. Nous avons émis au sein du PS des premières alertes. Depuis, sans fin, nous avons sans relâche insisté sur la nécessité de tenir bon sur un certain nombre de chantiers essentiels : le non cumul des mandats, le droit de vote pour les résidents étrangers, la poursuite post-Cahuzac des réformes fiscales, la réforme du système bancaire, et le « juste échange » (version officielle d'un protectionnisme européen et raisonné que nous avions défendu aux côtés d'Arnaud Montebourg durant les primaires de 2011).

Nous avons eu le sentiment d'être très peu entendus et avons assisté, impuissants, à l'effritement progressif d'une action gouvernementale alternant réformes courageuses et hallucinantes improvisations, notamment en matière de communication.

Puis sont venues les campagnes électorales. A Boulogne-Billancourt s'est tenue en septembre 2013 une élection primaire socialiste ouverte à tous les électeurs, et soigneusement ignorée des media comme de la rue de Solferino.

Au même moment, de nombreuses personnes à faibles revenus ont réalisé qu'elles devenaient imposables, mécaniquement, parce que les seuils des tranches d'imposition n'avaient pas été relevés.

Oubli, ou attitude délibérée ? Peu importe : ce fut une faute majeure que ni les très bonnes lois Sapin, ALUR, Consommation, Egalité, votées en cet automne-hiver 2013/2014, ni l'action de Thierry Mandon à la tête de la mission de simplification administrative, ni les résultats d'Arnaud Montebourg en matière de sauvegarde de l'emploi et de redressement industriel n'ont pu occulter. Nous nous sommes pris cette question des impôts en pleine face et nous n'en avons pas été pardonnés.

Dans le même temps, à quatre mois des élections municipales, le Parti Socialiste organisait fin novembre 2013 un grand forum sur « *Le progrès face aux idéologies du déclin* », en présence de Premier secrétaire du Parti Socialiste Harlem Désir, de chercheurs, d'entrepreneurs, de responsables associatifs. Comment, après 18 mois de pouvoir, peut-on être plus déphasé que cela ?

Deux ans après le retour de la Gauche au pouvoir, le verdict est cinglant. Le traité européen n'a pas été renégocié, les résidents étrangers n'ont pas pu voter aux municipales, des gens modestes payent l'impôt sur le revenu et ont de ce fait perdu des droits ou allocations, le chômage ne régresse pas, l'investissement progresse peu, la transition énergétique patine : la confiance n'y est plus.

Les forces de l'argent, confortées par une loi minimaliste sur la séparation des activités bancaires, égoïstes et obnubilées qu'elles sont par leurs tranches d'impôt à 45% ou 75% et par leur ISF, entretiennent l'image de l'échec, agitent la menace de la fuite à l'étranger et semblent se féliciter de la prétendue moindre attractivité de la France, tout en acceptant d'empocher les 20 Milliards de CICE et bientôt 10 Milliards d'allègements de cotisations famille. Avec en alliée, une presse en mal d'audience qui ne sait plus que titrer sur la désillusion des abstentionnistes, la cravate ou le scooter d'un président, les incompétences présumées des uns ou des autres et la montée, en fait toute relative, du FN.

A cela s'ajoute un sentiment d'incapacité récurrente à faire vivre une communication structurée et cohérente entre l'Elysée, Matignon, les ministères, l'assemblée et un Parti Socialiste trop souvent aux abonnés absents, malgré le potentiel et les initiatives de quelques jeunes Secrétaires Nationaux.

Et donc fin mars 2014 : « La baffe, c'est maintenant ! »

Nos électeurs ne sont pas revenus. Leur abstention et leur silence sont assourdissants. A Boulogne-Billancourt pour la Gauche : 24% au premier tour de la présidentielle, 37% au second ; 14% au premier tour des municipales, 15,5 % au second. Dans les Hauts-de-Seine, terre toujours difficile pour les socialistes, des scores divisés par deux depuis 2008, 4 villes perdues sur 5 où nous étions sortants.

Nous sommes bien conscients que l'exercice du pouvoir est un acte difficile, que les marges de manœuvre sont étroites et qu'un gouvernement quel qu'il soit est coincé entre plusieurs systèmes qui ne facilitent pas sa progression :

- les contraintes de notre appartenance à l'Union Européenne et à la zone Euro ;

- les oppositions idéologiques ou interpersonnelles au sein de la majorité présidentielle ;

- le monde de la finance qui demeure cet adversaire sans visage, sans nom et sans parti, relayé par ses lobbies zélés et efficaces ;

- une presse en mal de sensation ;

- les partis politiques et les partenaires sociaux dont les leaders à tous les échelons se soucient plus de leur poste et de leur image que de l'intérêt général ;

- une haute administration carriériste, adverse au risque et capable d'une inimaginable résistance au changement.

Nous connaissons ce contexte, nous devons faire avec et nous ne pouvons en invoquer l'excuse. La gauche dispose encore de trois années de pouvoir, mais nous n'avons plus que quelques semaines pour restaurer la crédibilité de la majorité en engager vers la réussite la seconde moitié du quinquennat.

Comment rétablir la confiance et faire revenir le succès ?

C'est sur le terrain du redressement économique et de la justice sociale que se gagnera la partie, même s'il ne faut pas négliger telle ou telle réforme sociétale emblématique. Sur le fond comme sur la forme, le gouvernement doit tirer les leçons des 22 derniers mois et de sa défaite cuisante aux municipales, et se résoudre à s'y prendre différemment.

Le nouveau gouvernement devra afficher une politique nouvelle et surtout, apporter une attention extrême à sa cohérence, à sa cohésion et à sa communication. Cela se résume en six chantiers prioritaires et huit points de gouvernance à respecter.

Sur le fond, six grands chantiers à intensifier, à reprendre ou à engager :

- S'affranchir de certaines contraintes européennes trop pesantes et handicapant notre consommation intérieure ;

- Maintenir les dispositifs de redressement productif mis en place en 2012, leur donner des moyens supplémentaires et intensifier la promotion du Made-In-France ;

- Lutter sans relâche contre les excès de la finance, durcir la loi de séparation des banques, reprendre les réformes fiscales, intensifier la lutte contre la fraude, l'évasion et l'optimisation fiscales ;

- Aller au bout du pacte de responsabilité en y intégrant des contreparties réelles et tangibles et en ne cédant rien au patronat financier ;

- Donner plus de corps et plus de visibilité à la transition énergétique, sans gaz de schiste ;

- S'atteler à la question du vote des citoyens étrangers résidant sur le territoire français.

Sur la forme, huit points de gouvernance à respecter :

- Réaffirmer nos convictions, exprimer une vision sociale et économique enthousiasmante de l'Union européenne et de la France à 10 ans, sous la forme de 6 à 8 grandes lignes d'ambitions ; Reprendre les 60 engagements de 2012, en dresser un bilan honnête et complet, intégrer les évolutions conjoncturelles et les acquis de ces deux dernières années ; En publier une feuille de route dont une première étape se situe nécessairement en 2015 et une deuxième en 2017.

- Communiquer franchement et régulièrement sans nier les difficultés potentielles, ni occulter les craintes inavouées ou les résistances présupposées ;

- Impliquer le parlement, solliciter les partis politiques de tous bords, les partenaires sociaux, les associations et tous les représentants des forces sociales et économiques bien en amont des décisions ; généraliser l'approche par la concertation, la négociation et la contractualisation ;

- Elaborer ainsi des « contrats de progrès » dans tous les domaines et les rendre publics, afin que les engagements soient clairs, connus de tous. Ainsi légitimés ils y puiseront une force supplémentaire ;

- Ecouter, évaluer les impacts avant de décider et d'annoncer, ne plus laisser « fuiter dans la presse pour voir si... », tester sur des périmètres réduits avant de généraliser, évaluer les actions après-coup ;

- Garantir une cohésion et une solidarité interministérielle sans faille ;

- Mettre au pas la haute administration, lui rappeler qu'elle est là pour servir le bien commun et non pour assurer le développement de carrières personnelles ;

- Dénoncer et sanctionner tout écart de conduite sur ces deux derniers points en les rendant publics et en démettant ceux qui s'en rendent responsables ;

Nous exigeons que le Président et le nouveau gouvernement aient le courage de ce bilan, affirment le cap à tenir et s'attellent à la réalisation de ces chantiers. Cela se fera par leur déclinaison minutieuse au sein des cabinets ministériels, des commissions parlementaires, de missions ou conférences ad-hoc, puis par le suivi rigoureux de leur mise en place et de leurs effets. En synthèse, nous ne demandons ni plus ni moins que ce qui se pratique régulièrement en entreprise lorsqu'est établi puis décliné un plan stratégique, avec ses inéluctables aléas, changements ou évolutions en cours de route.

Voilà en substance ce que nous attendons du gouvernement remanié, et d'un parti Socialiste qui doit l'être tout autant. C'est le minimum que nous devons à cette majorité de Françaises et de Français que nous avons convaincue de porter François Hollande au pouvoir en 2012.

Le nouveau souffle, c'est maintenant !

Les électeurs qui nous avaient accordé leurs suffrages en 2012, d'abord impatients puis progressivement inquiets, déçus, décontenancés, découragés, désabusés, nous ont tourné le dos. Ils ne sont pas revenus voter aux municipales, ni pour un candidat socialiste, ni pour aucun autre. Et chez nos militants également, nous constatons ce même phénomène, avec une nette baisse de l'affluence lors de nos réunions de sections ou lors d'évènements publics.

Mais rien n'y fera et dès ses premières semaines d'activité, le gouvernement de Manuel Valls nommé après les élections prolongera l'action de celui de son prédécesseur.

Fin aout 2014, en désaccord avec cette politique économique, Aurélie Filippetti, Benoit Hamon et Arnaud Montebourg quittent le gouvernement suite au célèbre « Discours de Frangy » et à sa « Cuvée du Redressement ».

Septembre 2014 : Le sursaut, la toute dernière chance, c'est maintenant.

http://vincentgwy.cluster014.ovh.net/wp3/2014/09/le-sursaut-la-toute-derniere-chance-cest-maintenant

Depuis fin 2011 et l'après primaire, nous avons soutenu loyalement F. Hollande et ses 60 engagements. Nous étions et demeurons redevables devant nos familles, amis, voisins, collègues, sympathisants, militants, concitoyens, de la mise en œuvre de ce projet. Nous continuons à nous battre en ce sens et en toute conscience que, 3 ans après, certaines propositions peuvent et doivent être ajustées ou complétées.

La feuille de route exposée par Arnaud Montebourg à Bercy le 10 juillet puis à Frangy le 24 août respectait ces exigences duales de fidélité à nos engagements et d'adaptation aux circonstances économiques de 2014, y compris de réduction de la dette publique.

Le cynisme, l'arrogance, la cupidité du Medef, qui semble se préoccuper essentiellement de l'intérêt personnel et patrimonial de ses adhérents, éclatent au grand jour avec ce cortège de propositions antisociales. Ils ont empoché les 41 milliards, ont produit des pin's puis ont tiré un bras d'honneur au gouvernement, aux salariés et au pays. Une impasse, une honte.

Le résultat du vote de ce soir doit permettre de tirer les leçons de cette bienveillance envers le Medef et son libéralisme, et doit permettre de réorienter la politique économique et sociale vers notre cap originel, sans provoquer ni dissolution de l'Assemblée Nationale ni départ du président de la République. Il existe une alternative.

Le sursaut, la toute dernière chance, c'est maintenant !

OCTOBRE 2014 – INDICATEUR D'AVANCEMENT

29 mois après l'élection de François Hollande, quasiment à la mi-mandat, nous en serions à **56% d'avancement** global, soit une légère régression depuis la dernière évaluation. En effet, jusqu'à preuve du contraire, nous considérons comme « abandonnés » les projets de réforme de la fiscalité individuelle, et comme « entrepris différemment » les promesses relatives à la politique familiale. L'évaluation complète est accessible en cliquant ici :

http://vincentgwy.cluster014.ovh.net/wp3/wp-content/uploads/igac10_oct2014.pdf

Niveau d'avancement	Nb Promesses	Score	Symbole
6. En place et conforme	58	3	
5. Entrepris selon programme	87	2	
4. Entrepris différemment	8	1	
3. Pas d'information	16	0	
2. En retard ou suspendu	21	-1	
1. Abandonné	5	-2	
Total général	195		

(c) www.observatoireduchangement.com VGU 2014

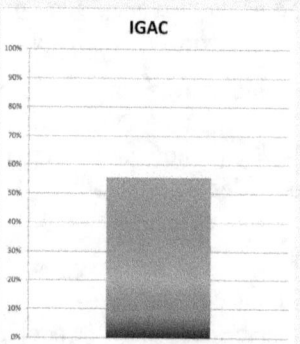

IGAC

Redresser la France : 36%

Rétablir la Justice : 67%

Redonner espoir aux nouvelles générations : 63%

Une République exemplaire : 59%

Les français restent inquiets et entretiennent un sentiment de déception et de mécontentement, faute de résultats tangibles en matière de pouvoir d'achat, d'emploi et de logement. Cela occulte des avancées majeures dans le domaine des lois sociales (Sécurisation de l'Emploi, Formation Professionnelle, financement de l'Insertion par l'Activité Economique), de la réduction des déficits ou de la transition énergétique, dont les effets sont attendus à moyen ou long terme.

Quatre sévères défaites électorales en moins de deux ans (2014-2015), un électorat déboussolé et des militants décontenancés n'auront pas plus d'effet sur un gouvernement butté et inflexible.

Cette politique de l'offre, qui a rendu 40 Milliards d'Euros aux entreprises ne s'est même par attiré les grâces du patronat et de son MEDEF cynique, arrogant, dont les provocations ressassent en boucle les questions des 35 heures, du coût du travail ou de prétendues difficultés à licencier, et trouvent parfois écho au sein même de notre gouvernement.

Durant cette première moitié du quinquennat il y a eu, il faut le souligner, **une attitude présidentielle et gouvernementale remarquable** de dignité, de hauteur et d'autorité après les **attentats** qui ont endeuillé notre pays en janvier puis en novembre 2015 et en juillet 2016.

Il y a eu enfin, il ne faudra pas l'oublier, un Président, son Ministre des Affaires Etrangères et sa ministre de l'Environnement aux commandes de l'organisation de la **COP21** en décembre 2015, conférence conclue par un **accord mondial historique sur le climat.**

Et pourtant, malgré ces indéniables réussites, il y a eu ces terribles **renoncements** : maintien d'une politique austéritaire, abandon de la renégociation du TSCG (Traité sur la Stabilité, la Coordination et la Gouvernance), du vote des résidents étrangers et de la réforme fiscale après seulement une étape.

Sur ce dernier point, nous avons observé ensuite un florilège d'atermoiements, de couacs, d'explications oiseuses invoquant la constitution ou l'héritage des sortants. Nous avons observé un festival d'aller-retours donnant un douloureux sentiment d'improvisation, d'amateurisme et d'injustice. Le tout avec, à l'époque, un ministre des Finances qui niait le problème de la parité Euro-Dollar, qui n'a rien réussi en matière de redressement des finances publiques et qui maintenant depuis Bruxelles maintient la pression sur le gouvernement et sur les travailleurs de notre pays.

Près de quatre ans après l'élection, c'est environ 60% des engagements du candidat qui étaient tenus ou en passe de l'être. Mais nous stagnions à ce niveau depuis une bonne année. Et c'était avant les ultimes ratés de l'année 2016.

Face à ces enjeux, à nos réactions de militants et à celles de nos concitoyens, quelles ont été les réponses du Parti Socialiste ?

Un PS aux réponses trop faibles

Le Parti Socialiste n'a rien pu ou rien voulu entendre de ce que ses militants lui ont remonté de réunions de sections en conseils fédéraux. Des motions, votées à l'unanimité, alertant la direction nationale, appelant à une autre politique, ont été happées par un trou noir localisé du côté de la rue de Solferino.

Conseil fédéral des Hauts-de-Seine, 3 juin 2013 : En tant que secrétaire fédéral à l'économie, je présente une motion d'appui à la poursuite des réformes économiques et sociales (motion adoptée à une large majorité).

Il en est ainsi de la gouvernance au sein du Parti Socialiste : l'information, les signaux, les motions partent des sections locales ou de leurs représentants au sein de chaque fédération départementale. Puis lorsqu'elles sont adoptées, elles sont transmises à la direction nationale rue de Solferino à Paris.

C'est ainsi que ce parti fonctionne. Ou pas.

http://vincentgwy.cluster014.ovh.net/wp3/2013/06/motion-dappui-a-la-poursuite-de-reformes-economiques-et-sociales/

Nous souhaitons vivement la réussite du programme gouvernemental visant au redressement de notre pays. Nous apprécions les avancées réalisées dans plusieurs domaines depuis mai 2012, mais sommes également conscient des écarts apparus entre les 60 engagements du candidat Hollande et certaines décisions ou certains projets, notamment en matière économique et sociale.

Nous nous refusons au discours stéréotypé, irresponsable, destructeur et réducteur qui caractérise aujourd'hui une partie de la gauche. Nous nous y refusons par loyauté au programme que nous avons soutenu, par considération pour ce qui a déjà été réalisé, et par respect de celles et ceux qui, en cabinet ministériel ou au parlement, font leur maximum, et ne comptent pas leur temps pour mettre en œuvre ce changement.

Nous voulons toutefois rappeler que la philosophie d'ensemble qui guidait le message de la campagne était la reconquête, par le politique, du terrain perdu depuis la révolution conservatrice, repli sanctionné par la crise.

Cette reconquête passait par la révolution fiscale, la régulation effective du secteur financier, le retour de l'État dans les stratégies industrielles et la rupture avec les logiques d'austérité imposées en Europe.

La priorité demeure le retour à l'emploi et à la croissance. Conscients du contexte, et du temps nécessaire au redressement du pays, nous ne sommes pas en exigence immédiate de résultat. Nous réitérons notre soutien aux engagements énoncés le 22 janvier 2012 lors du discours du Bourget, et figurant dans les 60 engagements du candidat. Les socialistes des Hauts-de-Seine rappellent leur attachement aux mesures suivantes :

La reprise de la réforme fiscale, avec en point de mire d'une part la convergence de la CSG et de l'IRPP en un seul impôt progressif prélevé à la source (engagement 14), et d'autre part la modulation de la fiscalité des entreprises en fonction de leur taille (engagement 3) et de leur notation sociale (engagement 24).

La séparation des activités bancaires bien au-delà du projet de loi actuel, la suppression des stock-options dans les entreprises arrivées à maturité, le projet d'une agence publique européenne de notation (engagement 7).

La mise en œuvre effective d'une stratégie de filières industrielles et d'un mouvement de relocalisation et de réengagement de sites productifs sur le territoire français (engagement 3).

La mise en place de dispositifs de juste échange faisant obstacle à toute forme de concurrence déloyale, dumping social ou environnemental (engagement 13)

50

La recherche avec nos partenaires européens et en particulier l'Allemagne, de l'établissement d'un nouvel ordre monétaire et du rééquilibrage de la parité de de l'Euro vis-à-vis du dollar américain et du yuan chinois (engagement 13).

La Fédération des Hauts-de-Seine demande au Bureau National du PS de soutenir et de relayer cette demande réformiste auprès du gouvernement et du parlement

La cécité du PS est telle que dans les jours qui ont précédé le premier tour de chaque élection intermédiaire, on se plaisait à croire en haut lieu que « rien n'était joué ».

Certains de nos parlementaires ou de nos ministres lucides, honnêtes et courageux, ont très tôt constaté ces divergences entre ce qui avait été promis et ce qui se faisait ou ce qui ne se faisait pas. Ils ont agi loyalement, en silence, auprès du gouvernement, tentant de l'influencer et de le rappeler à ses engagements de 2012, mais vainement. Voyant que le débat ne pouvait avoir lieu ni avec le gouvernement, ni au sein du Parti Socialiste, **ils ont porté le problème sur la place publique** en 2014 après la déroute aux municipales. Ils ont alors, à l'initiative perfide d'un dirigeant socialiste[3], été qualifiés de « **frondeurs** » dans les media. Ces parlementaires courageux sont **l'honneur de la gauche** et du socialisme ces dernières

---

[3] Il semblerait que cette expression fut employée pour la première fois lors d'un entretien donné à RTL par Bruno Leroux, passé depuis à la « postérité » pour de peu glorieuses raisons.

années. Pourtant, ils sont fustigés dans leur propre camp, subissent des pressions et des chantages à l'investiture, tout cela parce qu'ils placent la **loyauté envers leur électorat** et le respect des engagements au premier rang de leurs valeurs et de leurs priorités. Cette fidélité prime à leur sens sur les jeux d'appareils, les manœuvres d'investitures et autres préoccupations purement électoralistes.

Notre situation économique et sociale demeure préoccupante, les résultats ne sont pas là. La baisse de l'Euro et du pétrole crée les conditions d'une embellie et ne font que masquer la faiblesse de notre croissance et l'atonie du marché de l'emploi. On ne peut non plus ni prendre prétexte de la réalité terroriste, de la nécessité des interventions militaires en Afrique ou au Moyen Orient, des drames qui ont affecté notre territoire en 2015 et 2016, de la situation des réfugiés, ni garder les yeux fixés sur une courbe du chômage dont la dérivée nième s'infléchirait, pour s'affranchir du programme économique de 2012 et privilégier le pilotage à vue.

Les réponses qu'ont proposé le Parti Socialiste et le gouvernement n'ont **pas été à la hauteur** des enjeux :

➢ **Abandon définitif des marqueurs forts** de la dernière campagne présidentielle : réforme fiscale, droit vote des citoyens étrangers, Taxe sur les Transactions Financières, Séparation Bancaire, Taxe Carbone aux frontières de l'UE, renégociation du TSCG et en corollaire de ce dernier point, régulation des échanges au niveau des frontières de la zone Euro ou de l'UE,

➢ **Orientation incertaine de la réforme du droit du travail**, pourtant nécessaire, portée d'abord par un ministre en mal de motivation, et depuis septembre 2015 par une ministre novice dont la compétence en la matière reste à établir, et qui débouchera sur un funeste vote obtenu à l'aide de l'article 49-3 de la constitution, alors même que le projet de loi contenait certaines avancées.

➢ Un détail qui en dit long, c'est l'**éviction des sujets économiques** de l'Université d'Eté de La Rochelle en août 2015 et la relégation des tables rondes de la Commission Nationale Entreprises hors les murs de l'Espace Encan, comme s'il devenait tabou de parler de certains sujets devant les militants pour ne les aborder que face au MEDEF.

➢ Dernières **boulettes fiscales** de notre gouvernement, qui m'ont laissé pantois : La suppression de la demi-part des veuves a été décidée en 2008 par un gouvernement Fillon-Sarkozy. Ses effets étaient attendus depuis des années. Alors pour tenter de rattraper le coup, le Premier ministre se fend d'un tweet rédempteur. Mais gouverner, c'est prévoir. Il eut été nettement préférable que le gouvernement anticipe et supprime cette mesure dès 2012. Mais c'était sans doute trop simple pour Moscovici, Cahuzac et consorts qui étaient à la tête de Bercy à cette époque-là, ou pour Valls-Sapin-Eckert qui ont pris la relève aujourd'hui. Idem avec cette mesquinerie qui aurait consisté à déduire de l'Allocation Adulte Handicapés … les intérêts d'un hypothétique Livret de Caisse d'Epargne. Deux épisodes

53

de plus qui ont ajouté à notre désarroi, à notre frustration, à notre mécontentement.

> Et pour couronner le tout, fin décembre 2015 le gouvernement fait **annuler un amendement** voté l'Assemblée Nationale, qui demandait aux entreprises de rendre public, une fois par an, dans chaque pays où elles sont implantées, le montant de leur chiffre d'affaires, le nombre de leurs employés, les profits réalisés et les impôts payés.
> Le b.a.-ba en matière de transparence fiscale, réduit à néant par un gouvernement de gauche.

Phénomène connexe et tout aussi inquiétant : on ne ressent **pas d'alignement** entre l'action gouvernementale et celle du Parti Socialiste, le parti étant lui-même coupé de sa base.

Les **défaites électorales** n'y ont rien fait. Le gouvernement a persisté dans une politique qui n'est pas celle que nous avions conçue, soutenue, que le peuple français a choisi en 2012 et qui n'a pas donné de résultat probant. Le PS n'a **pas été en mesure de contrecarrer cette divergence**.

Le premier tour des élections régionales de décembre 2015 montre que nous courons vers une **élimination de la gauche**

dès le premier tour de la présidentielle de 2017[4]. Nous le savons et nous fermons les yeux, Ce n'est ni en criant « au loup » ou « au drame », ni un état d'urgence, ni une COP21 réussie, qui renverseront le cours des choses et qui nous réconcilieront avec notre électorat.

Pourtant, souvenons-nous, c'était en juin 2015 lors du Congrès de Poitiers : sous l'impulsion prétendue de transfuges aubrystes, la Motion A nous promettait pour la rentrée une « inflexion à gauche », qui serait transcrite dans le Projet de Loi de Finances 2016. Qui a vu quelque chose ? Au-delà d'une communication bien orchestrée mais qui n'a trompé personne sur la baisse d'impôts, baisse qui tout juste compense la cascade d'atermoiements, de bévues et de couacs que nous avons vécus depuis 2012, rien. Rien de plus pour les ménages, rien de plus pour les collectivités, rien de plus pour la dette, toujours plus pour les entreprises mais sans contrepartie ni effet positif durable sur l'emploi global, toutes catégories confondues.

En tant qu'élu local cette position est intenable. Des dotations revues à la baisse, des subventions qui diminuent, la culture et l'action sociale premières victimes de l'action d'un gouvernement de gauche : voilà ce qu'entend à longueur de

---

4 Chapitre écrit en janvier 2016

temps un élu municipal socialiste dans une ville tenue par une majorité de droite. Bien sûr nous résistons vaillamment en remettant les élus UMP/LR face à leurs responsabilités sur la dette publique, mais nous ne pouvons soutenir le gouvernement et conserver la confiance de notre électorat. La contradiction est patente, difficile à vivre.

Et **cette politique n'a pas produit de résultats économiques et sociaux**, notamment en matière de chômage des jeunes, que le candidat Hollande avait placé en 2012 comme marqueur identitaire de sa réussite, et comme condition à une éventuelle candidature en 2017. Pas de chance, le retour contra-cyclique de la croissance se fait attendre.

Fin 2015, les frondeurs ont donné l'impression de rentrer dans le rang, le Mouvement Commun s'est lancé avec beaucoup moins de retentissement que ce qui était envisageable l'été précédent dans le prolongement du congrès, la Plateforme (groupe de réflexion rassemblant des anciens membres du cabinet Montebourg) est silencieuse, les tenants des motions B et D (minoritaires) se préparent à nouveau à prendre le Parti d'assaut dès que possible.

Le Congrès de Poitiers, tenu en juin 2015, fut un leurre. Aucune inflexion de la politique gouvernementale n'en a résulté malgré le contenu de la motion majoritaire et les déclarations de ses tenants. Et en interne, les représentants des motions contestataires ont été écartés des instances dirigeantes du parti.

Nous ne parviendrons plus à réorienter différemment la politique économique et sociale de notre gouvernement, il nous faut l'admettre, à regret. Et si par miracle cela se produisait, cela viendrait trop tard pour produire des effets économiques ou sociaux tangibles et pour que la gauche en retire des bénéfices électoraux à court ou moyen terme.

Et pour couronner le tout depuis quelques semaines, nous assistons à ce **pathétique débat sur la déchéance de la nationalité**, débat qui déchire le gouvernement, les parlementaires socialistes, les dirigeants du PS alors que la plupart des Français, de tous horizons politiques, ont la tête ailleurs.

Cette gauche qui n'a pas tenu ses promesses, qui n'a pas écouté les alertes et les propositions de ses propres militants, qui n'a pas obtenu de résultat en matière de chômage et de pouvoir d'achat, cette gauche-là **est discréditée et ne peut plus gouverner.**

En de telles circonstances, comment retrouver l'envie, la motivation ?

Le temps des regrets

Chapitre écrit en janvier 2016

Avant le 6 mai 2012, lorsque je voyais ou que j'entendais le président de la République, j'avais honte. Honte pour mon pays, honte pour ses modestes électeurs qu'il avait tant flattés, qui croyaient en lui, qu'il avait trompés, honte pour l'action politique qu'il décrédibilisait dans son ensemble, honte encore des multiples affaires politico-financières au centre desquelles il se trouvait régulièrement placé.

Aujourd'hui, lorsque je vois ou que j'entends le président de la République, je n'ai plus honte, j'ai avant tout des **regrets**. Non pas d'avoir voté pour lui, mais des regrets que lui et ses gouvernements se soient détournés du programme économique sur lequel ils avaient été élus, et que cette volte-face n'ait pas apporté de résultats tangibles. Des regrets intenses, à la mesure de l'énergie que nous avons mise dans les campagnes électorales depuis 2007, et de l'espoir qui fut le nôtre après les victoires de 2012.

C'est moins gênant que la honte, les regrets, mais ça fait plus mal.

Tant par son comportement que par les mesures qu'il a prises, François Hollande a montré qu'il était **à la hauteur** de la situation après les attentats de janvier et de novembre 2015. Il sera à jamais un président marqué et meurtri par ces drames. Son sens de la négociation et son respect d'autrui ont été déterminants dans la réussite de la COP21.

Mais il est tout autant en **échec** sur le plan économique et social, sur la résorption du **chômage** et en particulier de celui des **jeunes** dont il avait fait le marqueur symbole de son quinquennat.

Il n'est donc pas en situation de solliciter un nouveau mandat en 2017. François Hollande est en mesure d'entrer dans l'Histoire, par le haut, en **annonçant dès maintenant** qu'il ne sera **pas candidat** à l'élection présidentielle, qu'il se concentrera durant la fin de son mandat sur les questions internationales et environnementales, sur la lutte contre Daesh, sur l'après COP21, et qu'il laissera son gouvernement gérer les dernières réformes sociales et les affaires courantes de la fin du quinquennat. Alternativement, François Hollande demeure bien entendu libre de se déclarer candidat à sa réélection dans le cadre d'une **primaire**.

C'est à nous, encartés ou pas, militants actifs ou démissionnaires, sympathisants, citoyens engagés qu'il revient de réformer, rénover, refonder, encore et encore notre appareil politique. Cette fois-ci notre action rénovatrice devra s'étendre bien au-delà du cadre du PS. Il n'est pas question d'exclure nos camarades de ce mouvement. Au-delà des partis, il nous revient de rassembler celles et ceux qui n'ont plus d'espoir dans l'action politique « à l'ancienne », qui croient encore au progrès social et qui ne veulent pas céder à la fatalité.

En ce début d'année 2016 il nous revient de prendre le taureau par les cornes, en vue de regagner l'estime et le cœur de notre électorat, afin d'éviter s'il en est encore temps un deuxième tour à l'élection présidentielle qui opposerait deux candidats de droite plus ou moins extrême, et qui renverrait la gauche dans l'opposition pour des années voire pour des décennies.

Mais comment ? A quels sujets s'atteler pour remobiliser notre électorat ?

Début 2016, voilà ce qui était écrit dans la première version de ce livre au chapitre « Une fatalité à endiguer » :

Je ne me résous pas à cette résignation et à la fatalité d'un deuxième tour Sarkozy-LePen, ou même à la marche « salvatrice » d'un Juppé relooké. Malgré l'affection et le respect que nous portons à François Hollande, malgré son comportement remarquable au lendemain des attentats de 2015, malgré le succès de la COP21, je ne vois pas comment il peut en moins de 18 mois remonter la pente et inverser la tendance. Alors qui ?

4 personnalités peuvent prétendre à la succession :

- **Ségolène Royal :** son programme de 2007 tenait la route et a fait d'elle une femme d'État. Le courage avec lequel elle a depuis affronté des épreuves personnelles et électorales lui a attiré compassion, respect et sympathie. Son parcours au ministère de l'Environnement confirme ses capacités. Toutefois elle demeure clivante, son caractère réputé difficile et surtout ses déclarations indiquant qu'elle ne veut plus briguer la magistrature suprême l'écartent a priori de la course au pouvoir.

- **Manuel Valls :** son discours sur la République est impeccable. Il est parvenu à la tête du gouvernement à restaurer un peu de cohérence et à endiguer le flot de couacs que nous avions connu les premiers temps. Il demeure en manque de repères idéologiques, il peine à se constituer des réseaux et à dépasser un cadre purement médiatique.

Il est marqué à tort ou à raison « à droite de la gauche ». Cela fait qu'il n'est pas en situation de fédérer la gauche.

- **Emmanuel Macron :** certaines de ses analyses impertinentes et provocatrices ne sont pas dénuées de fondement. Sans doute serait-il à même de mettre l'accent sur bien des blocages corporatistes et de transcender les clivages traditionnels. Mais il se ferme des portes et condamne pour un temps ses ambitions lorsqu'il déclare que la légitimité tenue du suffrage universel, « c'est dépassé ».

- **Arnaud Montebourg :** son analyse de la situation économique et de l'état de nos institutions est brillante et implacable, ses propositions demeurent fondées et pertinentes. Son parcours à Bercy a été marqué par du volontarisme et par des réussites. Il lui reste une posture à domestiquer, une motivation à retrouver et un positionnement public à affirmer pour rassembler le plus grand nombre. Il lui reste aussi à s'entourer durablement d'une équipe et de relais fiables, permettant de démultiplier efficacement sa parole et son action, en vue de fédérer largement non seulement les déçus de François Hollande, au-delà des socialistes et des écologistes, mais aussi, à gauche comme au centre, tous les électeurs souhaitant un réel changement et ne voulant pas basculer dans les extrêmes. Des quatre, il est probablement celui qui a la pensée et l'idéologie les plus complètes et les plus modernes, et paradoxalement, il est le mieux placé pour bâtir cette troisième voie autour d'un très large consensus.

A noter, quatre initiatives dignes d'intérêt émanant de groupes ou de personnalités non liées à l'action gouvernementale :

- Jacques Attali et sa plate-forme participative www.france2022.fr
- Jean-Christophe Fromentin (Député-Maire de Neuilly) http://www.territoiresenmouvement.com/
- Caroline de Haas (journaliste) http://lagueuledebois.fr/
- La Transition (collectif d'acteurs économiques) http://la-transition.fr/

Les autres leaders de la gauche sont soit des figures du passé, soit des Présidentiables potentiels mais ils manquent encore de surface, de charisme, de crédibilité ou de notoriété.

Malgré toutes leurs qualités, aucun d'entre eux n'est en mesure d'acquérir en quelques mois l'envergure nécessaire pour mener la bataille et l'emporter en 2017.

Et quoiqu'il en soit, une femme ou un homme seul ne peut y suffire. Depuis des décennies c'est la rencontre d'un **contexte**, d'un **projet** et d'une **personnalité** qui a forgé la victoire à l'élection présidentielle.

Janvier 2016 :
Reste-t-on les bras ballants, spectateurs impuissants du naufrage du PS, de la violation de ses statuts avec la non-organisation de primaires en 2016, et enfin, clou du spectacle, de la candidature de François Hollande et de son élimination dès le premier tour en 2017 ?

On repart de zéro alors … diront certains. Oui et non, disons que nous repartons des fondamentaux, et que l'expérience acquise ces 4 dernières années devrait nous permettre de progresser rapidement.

Il nous reste quelques semaines pour obtenir l'organisation des primaires, pour développer une première version de ce programme de reconquête autour de priorités claires et pour l'exposer aux personnalités mentionnées ci-dessus, puis à tout candidat en phase avec nos valeurs si aucun de ces quatre n'apparait en mesure de les porter.

« Il nous reste quelques mois pour relever un immense défi citoyen : atténuer nos regrets, faire renaitre l'espoir et lancer la reconquête »

Voilà comment se concluait la première version de ce livre, publiée en janvier 2016.

Rien à l'époque ne laissait présager les mois de folie électorale que notre pays a connus ensuite de novembre 2016 à avril 2017, avec l'élimination de deux Présidents de la République, de trois Premiers Ministres et des deux partis de gouvernement de la course à l'Elysée.

Un long calvaire

L'année 2016 a été marquée par deux fiascos supplémentaires : le projet de loi sur la déchéance de nationalité faisant suite à la vague d'attentats que notre pays connait depuis 2015, et la loi « Travail ».

Février 2016 : Une tournure inquiétante

http://vincentgwy.cluster014.ovh.net/wp3/2016/02/loi-travail-on-continue-a-creuser-au-dela-du-fond

Ce qui est annoncé depuis le début de la semaine sur la réforme du droit du travail nous inquiète au plus haut point.

Certains des éléments de la future loi « Travail » sont des avancées innovantes, comme par exemple le referendum d'entreprise, lorsqu'il s'agit de mettre fin à une situation de blocage ou de conflit corporatiste ou syndical. Les questions soulevées par le débat actuel et notamment celles qui portent sur la flexi-sécurité, sur la formation professionnelle tout au long de la vie, sur le fait syndical, sur la simplification administrative ou encore sur la rationalisation des branches nous paraissent pertinentes.

Mais, que voit-on poindre également à l'ordre du jour de cette réforme ?

- Une inversion complète de la hiérarchie normes visant à donner priorité à l'accord d'entreprise sur l'accord de branche sans distinction de taille ;

- La facilitation des licenciements et la barémisation des indemnités aux prud'hommes ;

- L'assouplissement ultime de l'encadrement du travail et des 35 heures, avec une possibilité de travailler 48 voire 60 heures une même semaine ;

Le tout avec menace de vote bloqué et de recours au 49-3...

Nous rappelons que nous avons élu François Hollande et les députés socialistes en 2012 sur la foi d'un programme qui prévoyait, outre la défunte renégociation du traité européen et la regrettée réforme fiscale fusionnant IRPP et CSG :

- La création d'une taxe sur les transactions financières,

- La création d'une agence européenne de notation,

- Des règles de réciprocité commerciale en matière sociale et environnementale,

- La mise en place d'un dispositif de notation sociale des grandes entreprises,

- L'interdiction de procéder à des licenciements boursiers dans certaines circonstances,

- La prééminence du dialogue social.

Il n'était envisagé ni d'abroger les 35h, ni de faciliter les licenciements.

Les annonces de cette semaine, si elles se confirmaient, seraient économiquement inefficaces, ineptes, politiquement dévastatrices voire suicidaires.

En particulier, l'hypothèse s'une primauté donnée à l'accord d'entreprise en TPE appelle deux commentaires :

- Une telle inversion entraînerait en TPE un certain déséquilibre du rapport de forces entre le patronat et les employés, avec les craintes ou les risques de pression et de chantage que l'on imagine. Ce ne serait bon ni pour le moral, ni pour les performances.

- Et surtout, un problème de faisabilité : un parton de TPE a autre chose à faire que de s'embarquer dans une négociation sociale spécifique, et il n'en a pas toujours les compétences en matière juridique. Risque de s'en suivre des pertes de temps pour des résultats susceptibles d'exposer négativement l'entreprise. Bref là encore, du perdant-perdant.

Sans parler des effets dévastateurs en matière de qualité de vie professionnelle et de burnout de l'extension quasi-illimitée de la durée quotidienne ou hebdomadaire du travail.

Il y a deux ans le patronat nous a déjà fait croire qu'il pouvait embaucher 1 million de personnes en contreparties d'allègements de charges fiscales et de cotisations sociales. 40 milliards d'Euros d'allègements plus tard, nous n'avons toujours rien vu, ou très peu, et le chômage ne régresse pas.

Donc pourquoi croire le MEDEF, et surtout pourquoi l'écouter et a fortiori pourquoi céder, lorsqu'il réclame maintenant l'abrogation des 35 heures, la facilitation des licenciements économiques et la sécurisation des indemnités aux prud'hommes ? C'est un leurre.

Pourquoi un tel décalage ?

Ces nouvelles mesures ont été pensées par des technocrates qui n'ont jamais mis durablement les pieds dans une entreprise, ni effectué le moindre recrutement, ni jamais couru après un contrat ou après un paiement, et qui n'ont jamais eu à annoncer à quelqu'un qu'il allait devoir perdre son travail. Ces nouvelles mesures ont été conçues sous l'emprise des lobbys patronaux, sur des croyances issues d'une pensée unique néo-libérale dépassée et dans un contexte désespéré de positionnement électoraliste, à défaut de réel socle idéologique.

Alors, que fait-on maintenant avec la loi Travail : on continue à creuser au-delà du fond, ou on se ressaisit ?

Le GSE (Groupe Socialiste d'Entreprise) TPE-PME rassemble des militants socialistes, entrepreneurs ou salariés de TPE & de PME et formule régulièrement des avis et propositions.

Mars 2016 : 30 propositions pour les TPE-PME

Une TPE ou une PME n'embauche que lorsque son niveau d'activité le justifie. Rappelons que 75 % des salariés de notre pays travaillent dans des entreprises de moins de 200 personnes. La baisse du chômage passe donc d'abord par le soutien de l'activité des TPE-PME.

Bon nombre d'observateurs et de chefs d'entreprise, dont nous sommes, soulignent que l'embauche en TPE-PME dépend avant tout du carnet de commandes, puis de la volonté effective des entrepreneurs de développer et de faire croître leurs sociétés et seulement ensuite du contexte législatif et fiscal.

L'enjeu est donc là, et la bataille contre le chômage se situe dans ces entreprises. Les TPE et les PME souffrent de 3 causes majeures de déséquilibre :

– Une demande atone, des cycles commerciaux qui s'allongent et qui se complexifient, des clauses contractuelles de plus en plus contraignantes,
– Des ressources humaines sur le fil du rasoir, surchargées, contraintes d'effectuer des tâches relevant d'une qualification moindre faute de personnel qualifié en place ; cela se combine avec une difficulté à recruter des ressources spécialisées alors même que des fonds ont été levés.
– Des finances fragiles, des fonds propres insuffisamment élevés et une trésorerie affaiblie par des délais de paiements encore trop longs.

D'où les propositions que nous formulons et qui sont issues :

- Du Livre Blanc publié par le GSE TPE PME en 2015,
- De considérations nouvelles faisant suite aux annonces de janvier 2016 (plan d'urgence pour l'emploi) et de février 2016 (avant-projet de loi travail),
- D'échanges permanents et informels avec des entrepreneurs,
- D'auditions menées par le GSE TPE PME durant l'année 2015, ayant porté sur les opportunités et perspectives d'implantation ou de réimplantation d'activités industrielles sur le territoire français.

Leur synthèse est téléchargeable en cliquant sur ce lien :

http://vincentgwy.cluster014.ovh.net/wp3/wp-content/uploads/GSE-PME-propositions-mars-2016-synthese.pdf

La loi travail sera adoptée en force grâce à l'article 49-3 de la Constitution durent l'été 2016. [5]

Dans le même temps le Parti Socialiste se décide enfin à organiser, conformément à ses statuts, une élection primaire pour désigner son candidat à l'élection présidentielle. Cette primaire est sensée être celle du PS et de ses partenaires. Elle se voit affublée du ridicule « Belle Alliance Populaire », un nom

---

[5] Cette loi contenait de bons éléments et d'autres plus discutables. La manière dont le premier ministre de l'époque a géré sa genèse et son adoption en ont malheureusement ruiné la portée.

qui fleure bon la télévision en noir et blanc de l'enfance ou de l'adolescence de vieux dirigeants totalement déphasés, coupés de leur base.

La suite, nous la connaissons.

Le premier décembre, François Hollande annonce qu'il renonce à briguer un nouveau mandat.

Vincent Peillon et Manuel Valls, dépourvus de programme, annoncent en catastrophe leur candidature.

Arnaud Montebourg, qui s'apprêtait à affronter François Hollande lors de cette primaire, rate sa campagne et est éliminé dès le premier tour malgré un projet novateur et abouti.

Janvier 2017 : Pour sortir de la nasse, votez #Montebourg lors des primaires !

http://vincentgwy.cluster014.ovh.net/wp3/2017/01/pour-sortir-de-la-nasse-votez-montebourg-lors-des-primaires/

« Le sage doit penser avec scepticisme et agir avec optimisme » disait Jean Jaurès. C'est donc avec optimisme que nous nous lançons dans cette primaire éclair. Rien n'est joué. Aux USA, au Royaume Uni, en Italie et à la droite de la France, l'année 2016 a montré que fatalités, sondages et pronostics étaient fait pour être déjoués.

Alors perpétuons ce mouvement, dépassons les fautes des gouvernements Hollande, et faisons en sorte que le deuxième tour de la présidentielle le 7 mai prochain n'oppose pas deux droites rances et réactionnaires.

Mobilisons-nous en masse pour la primaire de janvier afin de redonner confiance à toutes celles et tous ceux qui désespèrent de la politique et de la gauche. Et votons pour celui qui très tôt a su dénoncer ces fautes et ses dérives, en a tiré les conséquences en quittant le gouvernement en août 2014, et qui depuis a arpenté le pays, a écouté les Françaises et les Français pour proposer un projet novateur, complet, cohérent et équilibré, un projet qui remet à l'honneur la valeur travail et le pouvoir d'achat, à savoir … www.arnaudmontebourg-2017.fr

Puis exerçons ensuite une pression intense sur Jean-Luc Mélenchon, Emmanuel Macron, Yannick Jadot, François Bayrou même, et sur le vainqueur de la primaire afin qu'ils fusionnent leurs ambitions et leurs projets en une candidature de raison, de progrès et d'espoir.

Benoit Hamon, candidat surprise qui s'était déclaré dès la fin août, qui a su parfaitement exploiter ses réseaux au sein du PS et concocter un programme qui parle aux jeunes militants, l'emporte face à Manuel Valls fin janvier.

Des primaires, pour quoi faire ?

Sur le plan tactique il nous semblait que seules des **élections primaires** pouvaient créer une dynamique de rassemblement autour d'un programme et d'un candidat.

Faut-il maintenir les élections primaires ?

Il nous a fallu batailler depuis le début de l'année 2016 pour obtenir l'organisation d'élections primaires.

Mais pourquoi tant d'obstination ? La réponse est simple : ces primaires figurent en toutes lettres dans les **statuts du Parti Socialiste.**

Chapitre 3

Désignation du candidat à la présidence de la République

Article 5.3.1

Principe des Primaires citoyennes

Le candidat à la présidence de la République est désigné au travers de primaires citoyennes ouvertes à l'ensemble des citoyens adhérant aux valeurs de la République et de la gauche et co-organisées par les formations politiques de gauche qui souhaitent y participer.

Les candidats aux primaires doivent s'engager à soutenir publiquement le candidat désigné et à s'engager dans sa campagne. Au moins un an avant l'élection présidentielle, le Conseil national fixe le calendrier et les modalités d'organisation des Primaires.

Si le Parti Socialiste y avait renoncé, piétinant ainsi ses propres statuts, comment aurait-il pu garder la moindre crédibilité ?

Deux pétitions ont été lancées en janvier 2016, indépendamment l'une de l'autre :

- La première émane de personnalités économiques majoritairement issues de la société civile. Publiée dans Libération et fortement médiatisée, elle connait un écho retentissant. http://notreprimaire.fr/

- La deuxième provient, à mon initiative, de militant(e)s et de sympathisant(e)s socialistes déterminé(e)s à profondément rénover les pratiques politiques :
  « Les rénovateurs », mouvement collectif imaginé au lendemain du congrès de Poitiers en juin 2015, et qui a pris son essor à la suite des élections régionales de décembre 2015.
  La pétition est accessible ici :
  https://www.change.org/organizations/les_rénovateurs_2017

Certaines voix se sont élevées pour affirmer qu'un Président sortant ne devrait pas passer par une telle primaire. Pourquoi pas ? Mais alors il fallait le décider et le faire adopter en juin 2015 lors du congrès du PS. Faute d'avoir procédé ainsi, le parti s'obligeait à organiser cette élection.

Les primaires ont eu lieu, elles ont mobilisé de l'ordre de 80000 militants sur 8000 bureaux de vote.

En passant, à l'heure ou la prétendue mort des partis politiques est tendance et où le « tous pourris » ne l'est pas moins, voici en quoi consiste l'organisation de ces primaires, vu du terrain.

Novembre/Décembre

Appels à des volontaires, sympathisants ou militants, pour participer à la tenue d'un bureau de vote le 22 et/ou le 29 janvier.

Lors d'une élection traditionnelle, des agents préparent le bureau, affichent différents textes réglementaires, disposent les bulletins de vote, accueillent les électeurs à l'entrée du bureau de vote, vérifient leur carte électorale, rectifient éventuellement leur inscription sur les listes électorales, leur remettent ou indiquent bulletins et enveloppe. Ces agents font partie du personnel municipal. Il en coûte à la collectivité environ 1500€ par tour et par bureau de vote.

Lors d'une élection primaire ce n'est pas le cas. Aussi le parti organisateur doit-il recruter, former et encadrer toute la main d'œuvre.

C'est donc une équipe d'une petite dizaine de personnes, en comptant titulaires et suppléants, qu'il faut mobiliser pour chaque bureau de vote.

Dans une ville comme Boulogne-Billancourt (117 000 habitants, 67 000 électeurs inscrits, rapport de force moyen 75%-25% en faveur la droite), nous avons opté pour 6 bureaux de vote répartis dans notre commune.

C'est donc près d'une centaine de personnes, en comptant celles et ceux qui seront chargés le jour J de diverses opérations de soutien transverse à l'ensemble des bureaux, qu'il nous faut mobiliser pour l'organisation de cette primaire.

En réunion de section, les bons soirs, nous sommes une vingtaine de présents, sur les 80 militants inscrits à jour de cotisation.

Décembre/janvier

Multiples réunions de mises au point de l'organisation, de constitution des bureaux etc. Quelques-uns de nos militants sont en retraite mais la plupart travaille dans le privé. Aussi tout ce temps d'organisation est pris sur nos loisirs et notre vie de famille. La secrétaire de section est en liaison permanente avec la mairie pour la mise à disposition des lieux de votes (écoles), l'installation des urnes et des isoloirs.

Mi-janvier

Les équipes sont constituées :

A l'accueil (tables dites « de décharge ») : 2 ou 3 assesseurs ; A la table de vote : un Président et un ou deux assesseurs. S'y adjoignent leurs suppléants qui viendront les remplacer quelques heures le jour du vote. Une des spécificités de l'élection primaire est qu'elle est payante, car il est nécessaire d'en couvrir les frais d'organisation. Il faut donc également assurer la collecte du paiement de chaque électeur. Il va de soi que tous les participants au bureau de vote sont intégralement bénévoles. Leur seule rétribution se compose des viennoiseries apportées le matin par le Président du bureau !

1er et 2è week-end de janvier, le samedi matin : formation des Présidents puis des assesseurs, le samedi après-midi : présence en centre-ville pour informer les habitants.

3e week-end de janvier : 1er tour

Vendredi : passer au siège de la fédération départementale récupérer les kits de vote (listes d'émargement, affiches, carnets à souche, caisse pour la collecte des fonds, procès-verbal de dépouillement etc.).

Samedi matin : rdv au bureau de vote avec les services municipaux pour installation et préparation du bureau de vote.

Dimanche : lever 7h, présence au bureau de vote à 8h, ouverture des registre électoraux et derniers préparatifs du bureau.

9h – 19h : accueil des votants. Plus de 10000 inscrits par bureau suite au regroupement des bureaux de votes habituels, 600 à 800 votants effectifs, ce qui représente du monde en permanence. C'est plutôt une bonne nouvelle, ceux qui prédisaient une désaffection de nos électeurs en sont pour leur frais.

19h – 21h : dépouillement, comptages et recomptages (y compris les pièces de 1€ et les multiples pièces jaunes), rangement du bureau de vote, signature des Procès-Verbaux, première transmission (électronique) des résultats au siège national, proclamation des résultats.

21h – 23h et au-delà : lors d'une élection traditionnelle, les procès-verbaux sont physiquement portés à la Mairie par le Président du bureau de vote et par le chef de centre (membre de l'administration locale détaché dans chaque bureau de vote). Puis les résultats sont transmis de la Mairie à la Préfecture et de la Préfecture au Ministère de l'Intérieur. Lors de l'élection primaire rien de tout cela, la Mairie et l'État n'y étant pas impliqués, les résultats doivent être portés au siège de la fédération locale du PS, le plus souvent situé dans la ville préfecture du département. S'ensuit donc un trajet (30, 45 minutes ou plus) puis des heures d'attente en compagnie amicale et chaleureuse des camarades provenant des autres villes. Trajet de retour et coucher vers une heure du matin.

Le lendemain, reste à porter les dons recueillis au bureau de poste avant de retourner travailler.

4e week-end de janvier : 2ème tour

Le deuxième tour est en tout point similaire au premier, à cette différence près que le dépouillement est un tout petit peu plus court puisqu'il ne reste que deux candidats en lice.

En tant qu'élu, comme l'exige la tradition républicaine, j'ai présidé l'un des six bureaux boulonnais. C'est une expérience intense de démocratie, d'échanges avec ses concitoyens. On en ressort un peu laminé et avec le sentiment du devoir accompli.

Les primaires ont rassemblé deux millions de votants, une véritable réussite dans l'atmosphère crépusculaire du quinquennat Hollande finissant. Mais au-delà de ce succès, quel bilan dresser de ces primaires ?

Les trois mois qui ont suivi n'ont été malheureusement qu'une longue descente aux enfers. Bon nombre de vieux éléphants ont trahi un a un et se sont rangé derrière Emmanuel Macron. Manuel Valls et François de Rugy ont fait de même, reniant ainsi l'engagement de soutien au vainqueur qu'ils avaient pris en concourant à la primaire.

Le candidat Benoit Hamon a fait campagne comme il a pu, au nom d'un Parti même plus en mesure de proposer un programme.

Macron d'un côté, Mélenchon de l'autre, ont attiré les trois-quarts des électeurs socialistes optant pour le « vote utile ».

Paradoxe ultime : François Hollande a échoué, il a renoncé à mener le programme pour lequel il avait été élu en 2017, il a appliqué une politique économique et sociale largement inspirée par Emmanuel Macron, et c'est ce dernier qui lui succède aujourd'hui à l'Elysée !

C'est toute l'essence du militantisme et des partis qui est remise en question.

Comment réinventer le système politique ?

Le changement, c'était maintenant !

Promesses de nouveautés, de réductions de fractures, de ruptures, de changements rythment notre vie politique depuis plus de quarante ans.

En accompagnement du changement dans l'entreprise, on a maintes fois formulé le constat suivant : Une réorganisation pertinente, ou un nouveau logiciel performant, mais incompris, craint ou suspect, sera toujours moins bien accepté et donc moins efficace qu'un système certes imparfait mais qui reçoit bienveillance, soutien et acceptation de ceux qui doivent vivre avec. En matière de réforme ou de ligne politique, c'est la même chose. Les réformes "tombant d'en haut" se heurtent inéluctablement à ces mêmes résistances.

Au final, que dire du bilan de la politique économique et sociale de François Hollande ?

- Une sensible résorption de la dépense publique, qui représente aujourd'hui 56% du PIB contre 57,5 % en 2012 ;
- Le quasi-rééquilibrage du budget de la sécurité sociale ;
- Une certaine restauration des marges des entreprises, sans effet notoire sur le chômage et sur la précarité ;
- De timides avancées sociales (sécurisation de l'emploi en 2013, formation professionnelle en 2014, dialogue social en 2015, loi travail en 2016) ;
- Une hausse de la fiscalité des ménages.

C'est nettement insuffisant et nous l'avons payé très cher.

Pourquoi tant de difficultés et de déceptions ? Les raisons à ces obstacles sont multiples et variées. On citera en vrac :

- Les contraintes et règlementations européennes, depuis le traité de Maastricht et les impératifs de convergence limitant le déficit à 3% et la dette à 60% du PIB, jusqu'au TSCG.
- Les lobbies industriels et financiers : Agro-alimentaire, distribution, armement, pharmacie et banques pour ne citer que les plus actifs qui déploient tout ce qui est en leurs moyens en avocats et en communicants pour expliquer aux parlementaires, aux ministres et au media pourquoi tel ou tel changement est tout simplement inenvisageable, *« au risque d'entraîner la destruction de x milliers d'emplois, mais c'est vous qui décidez Monsieur le Ministre ».*
- Le conservatisme de la haute administration qui sait parfaitement expliquer à un Ministre et à son cabinet pourquoi telle mesure envisagée *« a déjà été tentée, ne pourra pas se réaliser ou sera inefficace ».*
- Les syndicats & fédérations dont le souci premier semble être parfois de préserver les avantages acquis de leurs corporations ou de leurs dirigeants, en vue d'échéances électorales toujours proches.
- Les élus nationaux ou locaux, bien en place et pour lesquels toute rationalisation des territoires ou des mandats, par suppression de cumuls ou par fusion d'assemblées,

constitue une menace directe à leur existence politique voire à leur subsistance financière.

– Les divergences de vues, postures opportunistes ou courants de pensée au sein des différents partis politiques.

Sans négliger la dureté des circonstances économiques réelles, que certains attribuent toutefois à la résultante des phénomènes décrits ci-dessus. Le serpent se mord la queue.

Il est des freins et des obstacles à la réforme, profonds, ancrés dans le paysage institutionnel et dans l'imaginaire collectif français, qu'il est grand temps de recenser, d'exprimer, de porter à la connaissance du public pour mieux les annihiler et ainsi permettre que les changements souhaités s'installent durablement.

Mais toutefois, cette propension française au conservatisme et à la résistance au changement ne saurait ni expliquer ni excuser les échecs et les erreurs, pour ne pas dire les fautes politiques, imputables au Président Hollande et à ses gouvernements.

Mars 2017
Les 9 fautes politiques du quinquennat Hollande
http://vincentgwy.cluster014.ovh.net/wp3/2017/03/les-9-fautes-politiques-du-quinquennat/

Les qualificatifs ne manquent pas pour désigner l'état du Parti Socialiste à quelques semaines du premier tour de l'élection présidentielle : émietté, fracturé, atomisé, irréconciliable, dépassé, au fond du trou, dans la nasse...

Ereintés à l'issue d'un quinquennat gâché, élus, militants et sympathisants font campagne pour le vainqueur de la primaire, Benoit Hamon, dont tous les observateurs raillent la campagne et lui donnent peu chance de l'emporter en mai prochain, alors que les défections vers le candidat Macron prétendu « anti-système » se multiplient.

Comment en sommes-nous arrivés là ?

Durant son quinquennat, 9 fautes politiques et souvent économiques, capitales, ont été commises par François Hollande et par ses ministres clés Jean-Marc Ayrault (Premier Ministre de mai 2012 à mars 2014), Pierre Moscovici (Directeur de campagne puis Ministre des Finances de mai 2012 à mars 2014) et Manuel Valls (Premier Ministre de mars 2014 à décembre 2016). Cela s'est fait souvent sur inspiration d'Emmanuel Macron (Secrétaire Général adjoint de la Présidence de la République, puis Ministre de l'Economie) et avec la sournoise complicité d'une direction du PS tétanisée et muette, successivement incarnée par Harlem Désir, Jean-Christophe Cambadélis et leurs bureaux nationaux. Ce sont bien des fautes et non des erreurs, elles ont été commises en toute conscience, par un président intelligent, dur et déterminé, à l'inverse de l'image de mollesse et d'indécision dont on l'affuble trop facilement.

Revenons sur ces neufs épisodes douloureux :

1. 2012 : Alors que la renégociation du traité Européen (TSCG – Traité sur la Stabilité, la Coordination et la Gouvernance) était à l'ordre du jour et constituait une promesse phare du candidat, le Président de la République renonce à aborder le sujet dès son premier sommet européen. A la faute politique s'ajoute une erreur économique perpétuant l'austérité budgétaire.

2. 2012 : Là où une nationalisation temporaire des hauts-fourneaux de Florange s'impose, devant le refus des dirigeants d'ArcelorMittal de tenir leurs engagements de développement, le Président et son Premier Ministre laissent Mittal décider de l'avenir de la filière liquide. 6 mois après la visite du candidat, le symbole est dévastateur.

84

3. 2012-2014 : Une timide réforme fiscale s'amorce avec l'alignement de la taxation des revenus du capital sur ceux du travail puis l'apparition d'une tranche à 45%. Au-delà du scandale Cahuzac, la suite n'est qu'une succession d'errances fiscales (taxation des plus-values de cession d'entreprise et misérable affaire des « pigeons », non anticipation de la suppression effective de la demi part des veuves, non relèvement des tranches d'impositions, minoration du quotient familial, allers-retours sur la tva à 5,5 %, abandon du projet de fusion IR/CSG pourtant inscrite en bonne place dans le projet du candidat, etc.). Le tout sous la houlette du Ministre des Finances de l'époque. Cynisme, lâcheté, imprévoyance, incompétence, sabotage attribuable à des sarkozystes restés en postes en haut lieu à Bercy ? On ne le saura jamais. Quoiqu'il en soit, il s'agit là d'une faute politique et économique capitale, qui a entraîné dans l'impôt sur le revenu plus de deux millions de personnes aux revenus modestes, et qui jamais ne sera pardonnée.

4. 2013 : Promulgation d'une loi minimaliste de séparation bancaire bien loin du discours du Bourget et de la fameuse déclaration « Cet adversaire... c'est le monde de la Finance ». Le Ministre des Finances ne saura résister au chantage à l'emploi du lobby bancaire

5. 2013-2014 : CICE et Pacte de Responsabilité concoctés par le Président, son secrétaire général adjoint, Emmanuel Macron, le Premier Ministre, Manuel Valls, et un Ministre des Finances, Pierre Moscovici, qui a déjà la tête à Bruxelles, 40 MM€ rendus aux entreprises sans contreparties et ce quelle que soit leur exposition à la concurrence internationale, des allègements financés par les hausses d'impôts sur les particuliers. Effets économiques ténus, effets politiques nuls voire négatifs, la gauche étant défavorable ou silencieuse, la droite et le patronat n'en exprimant aucune reconnaissance.

6. 2014 : Plan National de Réformes (50 MM€ de réduction de dépenses publiques sur 3 ans) matérialisant une politique austéritaire affectant trop brutalement les dépenses de santé & les dotations aux collectivités territoriales, défendue par un Premier Ministre fraîchement nommé.

7.   2015-2016 : Tentative, abandonnée, d'introduction de la déchéance de nationalité dans la Constitution suite aux attentats de novembre, par un Président humainement atteint et déstabilisé par les attentats.

8.   2016 : Promulgation d'une Loi Travail imposée par Manuel Valls et par Emmanuel Macron sans concertation avec les partenaires sociaux, loi globalement défavorable aux salariés malgré quelques avancées, et calamiteusement votée en force via l'article 49.3 de la constitution.

9.   2016 : Publication d'un livre de confessions « *Un Président ne doit pas dire ça* » révélant une facette peu glorieuse du Président.

Certains sauront identifier d'autres erreurs ou d'autres fautes, mais celles-ci, par leur enchaînement, leur obstination à aller droit dans le mur, à l'encontre des promesses électorales de 2012 et de certaines de nos valeurs fondamentales, illustrent dramatiquement le gâchis dont nous avons été d'impuissants témoins depuis 2012.

Jusqu'en 2014, Vincent Peillon, Benoît Hamon, Arnaud Montebourg, Cécile Duflot, Fleur Pellerin, Christiane Taubira, Michel Sapin, Jean-Yves Le Drian et d'autres qu'on me pardonnera de ne pas citer ont fait du bon voire de l'excellent travail à l'Education, à l'Economie, au Logement, à la Justice, au Travail, à la Défense, à l'Environnement avec l'accord de Paris lors de la COP21. Le Président de la République a toujours su garder un ton digne et courtois vis-à-vis de ses interlocuteurs (journalistes, partenaires sociaux, citoyens), la justice est passée sans entrave, ce qui a contrasté en bien avec la vulgarité et l'affairisme de son prédécesseur. De même, le gouvernement a été irréprochable lors des douloureux attentats qui à plusieurs reprises ont endeuillé notre pays depuis janvier 2015. Mais toute cette dignité, toutes ces avancées, toutes ces réussites ont été occultées par ces 9 fautes et en particulier par les inconséquences économiques et fiscales de la bande des 4+2 précédemment citée, l'un d'entre eux ayant même eu l'abjecte audace de parler d'un « ras-le-bol fiscal » dont il était pourtant le principal responsable.

Après 2014, tout parlementaire, tout élu local, tout militant toujours soucieux de la réussite du projet, rappelant le président à ses engagements de 2012, inquiet de la précarité et du chômage persistants, concerné par la désillusion de l'électorat traditionnel de la gauche, sera immanquablement et irrespectueusement traité de « frondeur » et ostracisé dans son propre parti. Ensuite et malgré plusieurs catastrophes électorales, ce ne sera qu'une longue et pénible descente à l'issue de laquelle François Hollande a pris une sage décision le 1er décembre dernier.

Emmanuel Macron tente aujourd'hui d'incarner le renouveau et y parvient en étant devenu le favori de la présidentielle. Il faut pourtant garder en tête qu'il a été l'un des principaux inspirateurs du Président, de sa politique économique et fiscale qui a échoué et qui l'a amené à renoncer à se représenter. Macron est donc, bien plus que les « frondeurs », l'un des principaux responsables de l'échec du quinquennat. Hollande a renoncé alors qu'il était tombé à 12% dans les sondages, Emmanuel Macron, son digne successeur, est aujourd'hui à 26 %.

Les Français ont-ils déjà oublié tout ce qui s'est passé depuis 2012, et qui a joué quel rôle ?

La primaire de janvier a sanctionné cette politique en désignant Benoit Hamon comme candidat socialiste à l'élection présidentielle. Lui seul peut incarner le renouveau et le progressisme.

C'était ingagnable : nous avons fait pire.

6,4% au soir du premier tour le 23 avril 2017 : nous savions que l'élection présidentielle était ingagnable, nous avons réussi à faire pire, quelle humiliation.

Ce n'est pas Benoit Hamon qui a emmené le PS dans le mur comme le prétendent trop facilement certains, c'est une faillite collective dont l'origine remonte à plusieurs années. Les responsables principaux en sont depuis 2012 : Hollande, Ayrault, Macron, Moscovici, Valls, Désir, Cambadélis et la direction nationale du PS. Ce sont eux qui sont restés insensibles à nos retours de terrains et à nos alertes depuis 2012/2013 : premières divergences entre François Hollande et son programme sur le traité européen et sur Florange, politique fiscale erratique des premiers temps, CICE, pacte de responsabilité, déchéance de nationalité et loi travail enfin.

Le tout fut sanctionné par quatre cinglantes défaites électorales en 2014/2015 et ponctué par un congrès de dupes en juin 2015, et une humiliation le 23 avril 2017.

Le gouvernement, la majorité non-frondeuse et la direction du PS sont restés sourds à ces faits et à ces signaux, ils n'ont rien fait pour infléchir une politique austéritaire socialement inefficace et politiquement désastreuse.

Un parti sourd, un parti muet également. En 2011/2012 à l'issue de cinq années d'opposition, il existait un projet, résultat du travail collaboratif entre militants et cadres du parti, une plate-forme qui servit de socle au futur programme du candidat François Hollande.

Cette fois-ci, rien, ou presque. Au-delà de quelques « cahiers de la présidentielle » publiés en toute confidentialité durant l'année 2016, le PS n'a pas élaboré de projet pour les échéances électorales de 2017.

La plupart de nos concitoyens, qui n'ont pas suivi tout cela en détail, et c'est bien compréhensible, assimilent le gouvernement, le PS, ses militants, ses candidats et ses élus. Le dimanche 23 avril 2017, ils nous ont fait payer très cher cet abandon des marqueurs de gauche, cette perte de repères et de cohérence, cette absence de projet fédérateur et rassembleur.

Chacun de nous (élus, militants) en porte une part de responsabilité, pour avoir laissé faire ou pour ne pas avoir été capable de se faire entendre suffisamment fort.

Parmi ces inaudibles et ces perdants il y a ceux qui, comme moi, ont joué la carte de la loyauté, au programme sur lequel Hollande et les députés de sa majorité furent élus, loyauté aux électeurs, loyauté aux primaires gravées dans les statuts du PS. Nous avons été pour cela ignominieusement qualifiés de frondeurs, et nous en sommes durement sanctionnés par ce score de 6,4%. Dure leçon, belle récompense.

Pendant tout ce temps, Jean-Luc Mélenchon s'est contenté de beugler et de nous insulter, ça lui a rapporté 19,5%.

Emmanuel Macron, inspirateur de la politique économique qui a sabordé le PS et mis Hollande à 12% dans les sondages, l'a emporté. Macron a été plus malin et il a bien vu l'opportunité qui se présentait. Reconnaissons-lui ce mérite politique.

Face au risque d'un péril brun et d'une honte mondiale, mais aussi parce qu'il n'est pas le diable, nous avons voté pour lui le 7 mai sans enthousiasme mais sans l'ombre d'une hésitation.

Les élections législatives de juin 2017 ont donné au Président la majorité parlementaire dont il a besoin pour mettre en œuvre son programme.

Souhaitons-lui de réussir, nous y veillerons et quand nous le pourrons, nous l'y aiderons.

Pour la gauche, est-il maintenant envisageable de se reconstruire , sur quelle ligne politique, avec quelles forces militantes et dans quel but ?

L'impossible reconquête ?

Nous devons œuvrer sans relâche pour réduire les inégalités sociales en matière d'éducation, de culture et de travail, pour préserver les ressources naturelles de la planète, le tout au sein d'une zone Europe/Euro unie et cohérente.

De lectures en conversations, de débats en rencontres, se dégagent huit sujets, huit questions sur lesquelles droite et gauche tournent en rond depuis des décennies. Huit problèmes dont l'absence récurrente de solution irrite et démobilise nos concitoyens.

1. **Le monde politique :** les affaires financières pourrissent la vie politique, les élus s'affranchissent de leur programme, cumulent les mandats et ne se renouvellent pas. Autant de facteurs exaspérants qui sont pour beaucoup dans l'abstention massive et dans la montée du populisme que nous observons depuis des années.

2. **Le monde de la finance :** on le laisse spéculer et utiliser des instruments qu'il maîtrise mal mais qui peuvent lui apporter un enrichissement rapide. L'absence de régulations mondiales et européennes fortes et efficaces permet l'impunité de tous les abus et de toutes les dérives.

3. **Le travail et le pouvoir d'achat :** il y a trop de jeunes, de seniors et de non qualifiés au chômage alors qu'il y a de moins en moins de travail, et que ceux qui ont encore du travail croulent sous la charge. Sous la pression des

exigences financières, le monde du travail se déshumanise, le stress, le mal-être au travail et le burnout progressent, les inégalités se creusent en défaveur des plus pauvres, la précarité et la fin du salariat menacent tous les secteurs économiques. Les exigences de rentabilité des fonds de pension, les hautes rémunérations décorrélées de la performance, les pressions qu'exerce la grande distribution sur ses fournisseurs, les marges indécentes qu'elle se permet et les produits de basse qualité nutritionnelle qu'elle met à disposition des moins aisés ne sont plus acceptables.

4. **Le développement économique :** Malgré des efforts notoires depuis 2012 pour encourager créations ou relocalisations, la part de l'industrie dans le PIB demeure inférieure à celle de nos partenaires européens. Les entreprises sont pénalisées face à celles issues de pays à moindre exigence sociale ou environnementale. Les embauches promises dans le cadre du Pacte de Responsabilité en contrepartie des baisses de charges n'ont pas eu lieu.

5. **Les cités en déshérence :** D'enquête en reportage sur « les quartiers » le constat est le même : logements dégradés ou insalubres, manque de crèches, d'écoles, de lieux de culture ; manque de personnel d'accueil, d'accompagnement et de médiation ; désertion des services publics ; insuffisance des effectifs de police. Ces cités se situent en marge de la République, les mafias et l'économie parallèle du trafic de drogue ont pignon sur rue, les délinquants sont attrapés puis remis en liberté, les

apprentis terroristes et les imams radicaux prospèrent en toute impunité.

6. **L'éducation :** Le décrochage scolaire s'amplifie, les filières d'enseignement professionnel ou supérieur ne sont pas en adéquation avec les besoins des administrations et des entreprises ;

7. **Le logement, les transports, l'énergie :** le coût du logement notamment en Ile de France est exorbitant ce qui induit une pression sur les salaires et donc les prix de revient. Le taux de construction de logements dont les logements sociaux est encore trop faible, en résulte un clientélisme persistant dans les administrations municipales ; le prix du transport par rail est dissuasif, le manque de communication autour des énergies alternatives, de leur disponibilité et de leur efficacité réelle nuit à leur déploiement.

8. **L'organisation de l'Etat :** il subsiste des perceptions de lourdeurs et de lenteurs de l'Etat, des collectivités territoriales, de redondances entre différents échelons et de gabegie, d'inefficacité, de disparités entre le monde du public et celui du privé, alors que par ailleurs certains secteurs (justice, police, hôpitaux) sont sous-équipés et sous rémunérés.

Tout individu, toute équipe prétendant au pouvoir devra apporter des réponses claires à ces attentes, et s'atteler à leur réalisation dès le lendemain de son entrée en fonction.

Comment reconquérir la confiance ?

Sur le plan idéologique, cette nouvelle voie devra **allier** le rôle stratégique de l'État, l'effacement des blocages corporatistes, la priorité donnée à la justice sociale, à l'évolution du travail, à la primauté du dialogue social et à l'instauration d'une régulation raisonnée de l'économie au niveau européen, pour commencer.

Sur le fond, il faudra **tirer les leçons** de cinq années de pouvoir, **redessiner les lignes** d'une politique économique, écologique et sociale moderne, juste et sans tabou. Il faudra également faire appel à l'intelligence collective de la société civile, tout en sachant recourir au juste moment à la connaissance des mécanismes de l'État que seuls certains hauts-fonctionnaires ou acteurs du système actuel maîtrisent.

Sur la forme, le militantisme traditionnel doit évoluer. La présence sur le terrain demeure indispensable mais se réunir le soir pour s'écouter parler, distribuer du papier sur les marchés ou aux sorties de métro, convier des foules maigrelettes dans des préaux ou dans gymnases, s'en remettre à une organisation fédérale nombriliste et hiérarchisée... Combien de temps cela peut-il perdurer à l'heure de la réforme territoriale, des réseaux sociaux et des chaînes infos ?

Quelle stratégie la gauche peut-elle adopter pour reconquérir le cœur et la confiance de ses électeurs perdus, sans laisser le champ libre à Jean-Luc Mélenchon et à sa démagogie outrancière ? C'est sur le fond et sur la forme peut se reconstruire un mouvement, autour de 5 axes essentiels et complémentaires :

- **Un constat lucide et courageux**, sans concession ni démagogie, qui établit après 5 ans de présidence socialiste un diagnostic clair et un bilan équilibré de la situation économique du pays, de ses réussites, de ses atouts, de ses faiblesses, de l'obsolescence de ses institutions, des facteurs de blocage ou de résistance qui entravent maintes réformes ; un constat qui permette de se reconnecter en toute humilité avec cette majorité fâchée qui ne revient plus voter ou qui vote aux extrêmes.

- **Des propositions qui répondent aux préoccupations prioritaires** de nos concitoyens, des propositions ni populistes ni technocrates, des propositions innovantes, en nombre modéré, inspirées du quotidien et non écrites par des lobbies, des propositions affranchies des clivages idéologiques traditionnels. Des propositions reflétant nos valeurs humanistes et progressistes, donnant priorité à la justice sociale et à l'économie réelle sur le monde de la finance, de la spéculation, de la cupidité et du court-termisme, des propositions susceptibles d'être mises en œuvre dans le contexte économique et social actuel, au sein de l'Europe et du Monde tels qu'ils sont.

- **Un fonctionnement participatif et collaboratif** aux mains de la société civile, laissant une large place à l'expression de témoins issus du terrain, de la vie quotidienne, un fonctionnement capable d'évaluer l'impact des mesures suggérées <u>avant</u> la prise de décision, plutôt que de décider et de devoir ensuite rétropédaler, un fonctionnement à même de susciter des consensus et de mettre en avant des priorités partagées par tous.

- **Une équipe, un réseau**, des compétences venues du terrain mais aussi des membres de l'administration qui connaissent le droit et le fonctionnement de l'État, des relais physiques et médiatiques pour exprimer des positions sur les grands sujets du moment, pour porter cette écoute et ces propositions sur le terrain par tous les moyens possibles, pour les mettre en lumière à chaque occasion.

- **Une personnalité emblématique** et une équipe cohérente pour incarner ce projet, pour faire vivre cette nouvelle façon de faire et pour fédérer toutes les énergies, car un programme sans leader ou un leader sans programme, c'est sans espoir.

Nul peut prédire aujourd'hui combien de temps cette reconquête demandera, si tant est qu'elle soit possible.

Epilogue : le grand gâchis

La Vague : comment le quinquennat Hollande a sabordé le PS

Depuis 2012, le Parti Socialiste n'a pas su se muer en un parti de gouvernement. La tâche était ardue voire impossible : comment ne pas passer pour des godillots, comment combler le fossé qui se creusait entre les militants et le gouvernement ?

Ce Parti aurait dû être l'organe, vigilant et déterminé, de la mise en œuvre de son propre programme, qu'il avait su imposer à son candidat, sur lequel celui-ci et les députés de la majorité avaient été élus en 2012, et étaient donc engagés.

A aucun moment, ou alors bien tardivement et à mi-voix, ses dirigeants nationaux n'ont su ou n'ont osé identifier les premiers écarts puis agir en vue de les combler.

Les premiers secrétaires ont été inaudibles, la direction nationale du PS a semblé coupée du gouvernement, des parlementaires et de ses militants. Bien des responsables locaux ont donné l'impression qu'ils ne songeaient qu'à préserver leurs mandats, défaite électorale après défaite électorale. Les primaires de 2017, douloureusement organisées, ont déçu et ont consacré le manque flagrant d'autorité à la tête du parti lorsque les candidats battus ont renié leurs engagements de soutien au vainqueur. La structure hiérarchisée, compassée et anachronique du PS a vécu. Elle laisse trop de place aux clans et aux baronnies, elle a perdu la moitié de ses militants et étouffé le mécontentement de ceux qui sont restés.

Nous étions quelques-uns à avoir choisi une posture, celle de la cohérence et de loyauté :

- Au discours du Bourget,
- Aux « 60 engagements » de François Hollande,
- A l'organisation des primaires.

Nous avons été durement sanctionnés le 23 avril 2017 avec 6,4% des suffrages. Cette stratégie de cohérence et de loyauté n'était manifestement pas la bonne.

Les élections législatives des 11 et 18 juin 2017 ont mis un point final à cette bérézina. Pour l'éviter, comment aurait-il fallu procéder durant ce quinquennat ?

⇨ Tout contester en bloc, s'insoumettre et brailler ?
⇨ Suivre aveuglément le Président dans ses renoncements ?
⇨ Se mettre en congé du Parti, le quitter, claquer la porte ?

Nous n'aurions été fiers d'aucun de ces choix et avons choisi une autre stratégie, celle de la loyauté envers nos électeurs de 2012 via un rappel permanent aux engagement pris.

Historiquement, il y a depuis les années 1920 deux tendances socialistes, celle de Jules Guesde et celle de Jean Jaurès, la première étant plus « radicale » que la seconde. La première fut incarnée par Chevènement, Mélenchon, Aubry, Montebourg, Hamon. La deuxième par Delors, DSK, Rocard, Hollande, Macron. On a retrouvé cette opposition idéologique lors de chaque congrès du PS puis lors des primaires en 2011 comme en 2017.

La victoire de François Hollande à la primaire de 2011, puis à l'élection présidentielle de 2012, s'est jouée sur une contradiction et sur un compromis.

Une contradiction car les prétendants à la primaire étaient tenus au respect d'un programme socle concocté par le PS de l'époque, dirigé par Martine Aubry.

Un compromis car Arnaud Montebourg a choisi de soutenir François Hollande plutôt que Martine Aubry au deuxième tour de la primaire, estimant que cette dernière ne serait pas en mesure de battre Nicolas Sarkozy en 2012.

D'où la victoire de François Hollande, acquise sur l'ambiguïté idéologique d'un projet sur lequel ses propres convictions n'étaient pas alignées. Ses renoncements futurs devenaient alors quasiment inéluctables.

C'est ce que qui a inspiré en 2013/2014 ce « tournant libéral » ayant maintenu une certaine austérité budgétaire, ayant privilégié une politique de l'offre pour aboutir en 2016 à une évolution libérale du code du travail. François Hollande avait parfaitement le droit de vouloir demeurer fidèle à ses convictions profondes mais pour légitimer ce revirement il aurait pu, il aurait dû sans doute :

⇨ L'annoncer clairement 12/18 mois après son accession au pouvoir, arguant du contexte économique de l'époque, de la situation laissée par Sarkozy et des contraintes imposées par l'Union Européenne ;
⇨ Le légitimer pleinement en dissolvant l'Assemblée Nationale et en demandant aux Français de se prononcer sur de nouvelles orientations.

Il a choisi de ne pas le faire car fin 2013, après un an et demi de politique fiscale erratique menée par Ayrault et Moscovici, il savait pertinemment que la défaite aurait été inévitable.

Ensuite, il y a eu chez les socialistes durant le reste du quinquennat deux puis quatre attitudes.

D'une part, les « légitimistes », qui estiment qu'un parti et que ses militants doivent, par devoir, soutenir ses dirigeants et ses élus. Ceux-ci, vaillamment ont défendu les positions du gouvernement quelles qu'elles soient. A noter qu'il en est parmi eux qui se reconnaissent dans la gauche socio-libérale et qui se trouvaient donc idéologiquement confortés par ces écarts vers une politique plus libérale.

D'autre part, les « loyalistes », qui s'estimaient, en regard d'eux-mêmes comme des électeurs de gauche, obligés par le programme sur lequel avait été élu François Hollande puis sa majorité parlementaire : discours du budget, 60 engagements, programme socialiste aux législatives. Ceux-là sont devenus « frondeurs » après les municipales de 2014 lorsqu'il est apparu que le nouveau gouvernement Valls adhérait pleinement à la politique austéritaire et libérale voulue par le Président (conseillé et conforté dans cette voie par Emmanuel Macron).

A partir de 2015/2016. Ces deux courants se sont à nouveau scindés :

- Chez les légitimistes :
  ⇨ Certains, trouvant que le gouvernement n'en faisait pas assez, ont quitté le PS pour rejoindre En Marche : cela les a conduits à une victoire éclatante, au-delà peut-être de leurs propres espérances.
  ⇨ D'autres sont restés au PS, par devoir militant, par discipline gouvernementale, par crainte de l'aventure ou par calcul électoraliste. Qu'ils aient fait loyalement campagne pour Benoit Hamon ou qu'ils soient restés silencieux, cela les a conduits à l'échec.
- Chez les loyalistes :
  ⇨ La plupart des « frondeurs » a tenté jusqu'au bout d'infléchir la politique du gouvernement, de réformer le PS de l'intérieur. Les frondeurs ont réitéré et médiatisé leur loyauté au programme de 2012, en ont fait leur stratégie électorale pour 2017 et pour l'après-Hollande. Ils ont fait campagne pour Benoit Hamon, cela les a

conduits au même échec que les loyalistes, la plupart des électeurs ne faisant pas la différence entre ces deux tendances du PS. J'en ai fait partie pour avoir soutenu depuis 2003 les initiatives réformatrices et innovantes d'Arnaud Montebourg, j'assume pleinement tant mes choix que ma modeste part de responsabilité.

⇨ Les plus démotivés des frondeurs ont quitté le PS pour rejoindre ce qu'ils pensaient être encore le Front de Gauche, alliance entre le Parti Communiste Français et le Parti de Gauche créé par Jean-Luc Mélenchon. C'est alors qu'ils ont réalisé que ce dernier avait créé « La France Insoumise », au mépris de ses alliés et militants historiques. Sous l'impulsion de leur leader, qualifié par certains de « Minimo », ils ont retiré de la séquence électorale de 2017 l'illusion d'une quasi-victoire.

On a observé un phénomène similaire à droite, les querelles d'ego et les magouilles Copé-Fillon puis Fillon en solo occultant les questions idéologiques. A noter toutefois que certains, sous l'impulsion de Nathalie Kosciusko-Morizet, Thierry Solère, Bruno Le Maire ou du Premier Ministre Edouard Philippe, tentent de faire émerger une droite plus progressiste que la droite dure proche de Sens Commun et du Front National. Ils sont dans leur parti comparables aux socio-libéraux du PS et à ce titre plus ou moins « compatibles En Marche ».

Un silence assourdissant et fatal

Pendant ce dernier quinquennat, le Parti Socialiste en tant qu'institution nationale a été muet, inerte, indigne. A aucun moment ses premiers secrétaires, Harlem Désir ou Jean-Christophe Cambadélis, n'ont rappelé le gouvernement ou le Président à ses engagements.

Tout juste ont-ils été capables de déclarations mi-chèvre mi-chou, de tout petits coups de menton ou de discours compassés pour se donner le sentiment d'exister encore un peu.

Martine Aubry a laissé penser un temps qu'une réaction était envisageable, mais elle s'est laissée berner et s'est ralliée à la majorité gouvernementale lors du congrès de 2015.

La direction nationale n'a même pas été capable de produire un projet électoral pour 2017, et s'est fait longuement tirer les oreilles par ses militants pour organiser une élection primaire à laquelle ses statuts l'obligeaient pourtant.

Sourd aux alertes venant du terrain depuis 2013, laissant ses fédérations à leurs petites manœuvres locales, impuissant face à quatre cuisantes défaites électorales en 2014/2015, dépourvu de projet, le PS s'est regardé sombrer.

En synthèse, les socialistes, légitimistes comme frondeurs, qui sont restés « encartés » ont fait la même erreur stratégique : celle de soutenir ou de s'opposer via le Parti Socialiste, ses structures, ses courants, ses motions et ses alliances avec des partis historiquement partenaires : PRG, UDE, EELV. Par conformisme ou par attachement à leur parti, ils n'ont été capables ni d'en dépasser le cadre, ni de le réformer en profondeur. **Tous ont été emportés par une même vague en mai et juin dernier.** Un grand gâchis, le grand gâchis.

D'autres, désespérés, fatalistes, visionnaires, courageux ou opportunistes se sont émancipés du PS pour partir chez Mélenchon, chez Le Pen ou chez Macron. Et ce sont au final ceux qui ont rejoint ce dernier qui ont tiré les marrons du feu.

Les dés étant jetés, on ne peut que souhaiter la réussite d'Emmanuel Macron et de sa majorité, pour le bien du pays. La réforme du code du travail est nécessaire mais elle devra être très finement menée pour réussir. En tant qu'entrepreneur je m'y intéresse au premier chef, tout en ayant déjà signalé par exemple les multiples dangers de la négociation d'accords d'entreprises en TPE-PME ou de la barémisation des indemnités pour licenciement abusif. Les contenus des ordonnances, annoncées le 31 août 2017, semblent répondre à une partie de ces préoccupations. Elles ne sont toutefois ni de nature à faciliter l'embauche comme par miracle, ni constitutives d'un « coup d'État social ». Attendons leurs décrets, leurs modalités d'application et les autres réformes à venir pour nous prononcer davantage.

Le recours aux ordonnances ne me choque pas outre-mesure. On a reproché au Président sortant de n'avoir pas appliqué ses promesses, on ne peut en vouloir au nouveau de chercher à

106

mettre en œuvre les siennes rapidement. Tout dépendra du fond et du niveau de consensus social obtenu.

Les postures d'opposants besogneux affichées par certains de mes ex-camarades de Parti ne présagent rien de bon.

Prenons un seul exemple : celui de la fusion du CE (Comité d'Entreprise), du CHSCT (Comité d'Hygiène, de Sécurité et des Conditions de Travail) et des DP (Délégués du Personnel) en une instance unique (Conseil Social et Economique). En 2015, la loi Rebsamen sur le dialogue social a autorisé cette fusion en une seule « Délégation Unique du Personnel » dans les entreprises de moins de 300 salariés, et cela n'a ému personne. Cette même année puis de nouveau en 2016, la Commission Nationale Entreprise et son groupe TPE/PME dont j'étais le secrétaire, a publié deux séries de propositions visant à généraliser cette disposition, le tout étant approuvé en Secrétariat National. A ces réunions étaient présents certains, dont je tairai les noms par charité, à l'époque pro-Valls, pro-ElKhomri voire pro-Macron, et qui aujourd'hui se répandent en trémolos dans les media sur la disparition du CHSCT. Halte aux postures, place à la réflexion !

Pour la suite, il faut espérer que le gouvernement ne cèdera ni à l'idéologie ultra-libérale, ni aux corporatismes de tous ordres, ni à la tentation de la « réforme d'affichage », et qu'il saura au contraire privilégier la concertation, l'expérimentation et un certain pragmatisme.

La relance par l'investissement, la priorité au «Produire en France», la transition énergétique, la résorption du chômage, l'évolution du travail, son organisation, son partage, la lutte contre la précarité et contre les abus de « l'ubérisation », la moralisation de la vie publique, la lutte contre l'évasion fiscale, l'intégration des jeunes dans la vie active et une moindre austérité notamment à l'hôpital sont à mon sens les sujets prioritaires et concomitants à la nouvelle loi travail afin de crédibiliser l'ensemble des premières réformes.

Viré par Cambadelis !

Lors des dernières élections législatives dans la 9° circonscription des Hauts-de-Seine, la direction nationale du Parti Socialiste a imposé une candidature « Union des Ecologistes » au mépris des militants locaux.

Ayant de ce fait soutenu le candidat présenté par Nouvelle Donne, je suis tombé sous le coup de la circulaire édictée par l'ex-Premier Secrétaire le 30 mai dernier, et ai été considéré comme démissionnaire du Parti Socialiste. *Cambadélis hélas, c'est là qu'est l'os.*[6]

J'ai pris à la lettre son ukase et ai confirmé le 30 juin ma démission, après 15 ans de militantisme, de Nouveau Parti Socialiste, de Rénover Maintenant et autres tentatives de transformation qui, si elles ont donné l'illusion d'avoir réussi en 2012, n'ont su se pérenniser.

La direction nationale mais aussi les directions fédérales du PS ont fait preuve sous le quinquennat Hollande d'une incapacité persistante à écouter les Français et à maitriser la situation :

---

[6] Les connaisseurs auront identifié un hommage au film « La Grande Vadrouille »

109

⇨ Un Président et un gouvernement qui s'écartent ouvertement du programme convenu, sans que cela ait un effet notoire sur le chômage et sur l'économie,

⇨ Des concitoyens qui nous en veulent et qui finissent par nous tourner le dos et nous rejeter violemment.

Et ce malgré de multiples alertes dès 2013 puis à la suite des sévères défaites électorales de 2014 et 2015. Bon nombre de militants ont fui vers Mélenchon ou vers Macron. Les électeurs n'ont eu que faire de nos débats internes. Ils n'ont pas fait de différence entre frondeurs et légitimistes et ont tout balayé.

En cette fin d'été, le Parti Socialiste n'a plus d'espace politique, plus de crédibilité, plus d'attractivité et quasiment plus d'existence.

Chacun veut rénover, réinventer et reconstruire « ensemble », mais de son côté : les ex-Projet France de Montebourg, le 1er juillet de Benoit Hamon, Anne Hidalgo, Gérard Filoche, Mathias Fekl (Movida) ...chacun y va de sa nouvelle gauche, de sa gauche nouvelle, de son socialisme réinventé etc. De jeunes et valeureux parlementaires, tels Boris Vallaud, tentent de porter une parole nouvelle mais ils semblent bien isolés.

C'est à la fois enthousiasmant, rassurant mais également inquiétant, porteur de risques d'éparpillement et d'inefficacité. On eut préféré que ces ex-leaders, ex-ministres ou excandidats aux primaires qui n'ont renié ni leur parole ni leurs valeurs de gauche, qui n'ont pas basculé En Marche et qui au fond partagent les mêmes convictions se rassemblent, mettent de côté leurs ego, assument conjointement la débâcle et proposent à ce qu'il reste de leurs militants une vision claire et cohérente d'une social-démocratie moderne ne cédant pas aux mirages du libéralisme économique. Peut-être y parviendront-ils. Je leur souhaite ainsi qu'à mes camarades militants bonne chance, ils ont tout mon respect et toute mon admiration pour leur courage, leur énergie et leur motivation !

Entre « Insoumis » et « Marcheurs », existe-t-il encore aujourd'hui un espace politique pour un mouvement économiquement innovant, socialement responsable, écologiquement raisonnable, pro-européen, positionnant l'Etat à une place équilibrant interventionnisme, sécurité, libertés, visant à réguler les excès du capitalisme financier ?

C'est ce que n'a (encore ?) pu bâtir Arnaud Montebourg, c'est ce que veulent tenter Benoit Hamon et quelques autres. Souhaitons-leur d'y parvenir.

Comme en 2012, le début de ce quinquennat est émaillé de réformes volontaristes, mais aussi de couacs, d'atermoiements et de traces d'amateurisme amplement relayés par les media.

J'observe attentivement les actions engagées depuis juin dernier par le Président et le nouveau gouvernement. Dans l'ensemble l'analyse de la situation et des facteurs de blocages de notre société est pertinente. Toutefois, quelques postures inquiétantes et quelques orientations idéologiques exigent une attention et un recadrage immédiats [7].

Les élections sénatoriales du 24 septembre 2017 ont été le reflet de la France électorale de 2014 et de 2015, dates des dernières élections locales. 2014, 2015, c'était une autre époque, c'était avant cette inoubliable année politique 2017 ! Il n'y a pas eu de vague comparable à celle qu'a connue l'Assemblée Nationale et il n'y a rien d'étonnant à ce que le nouveau Sénat soit globalement comparable à l'ancien. En cela, ces élections sonnent comme un premier avertissement pour le nouveau gouvernement. Puisse-t-il en tirer des leçons, rester à l'écoute de tous et éviter les dérives de gouvernance qui ont mené le quinquennat Hollande à sa perte.

Plusieurs options s'offrent aujourd'hui à celles et ceux qui, comme moi, ont vécu de l'intérieur et de bout en bout ce quinquennat éreintant d'alertes et de frustrations :

– Oublier, dépasser, pardonner le grand gâchis, faire une fois de plus « table rase du passé », reprendre le fond et la forme, la réflexion idéologique, les discussions sans fin le

---

[7] Voir article http://vincentgwy.cluster014.ovh.net/wp3/2017/09/dimanche-prochain-quelquespas/

soir et le week-end, les formes nouvelles de militantisme, retrouver un leader, se donner le temps de la reconquête.

- Encourager les jeunes générations à s'y atteler et passer à autre chose.

- Prendre encore pour quelques mois le temps de l'observation et de la réflexion. Evaluer en tant que citoyen ce qui semble aller dans le bon sens et ce qui n'y va pas, tenter de rester à l'abri de toute posture partisane monolithique et des jeux d'appareils qui commencent à réapparaitre.

En ce qui me concerne je suis pour l'instant sur cette troisième vois. Il est fort improbable que je revienne militer au sein d'un parti traditionnel. Mes engagements locaux demeurent, en faveur d'une vie urbaine plus agréable, laissant une large place aux cyclistes et aux piétons, privilégiant les circuits courts et se souciant par tous les moyens possibles de la résorption du chômage et de la précarité.

Boulogne-Billancourt, octobre 2017